Dans les coulisses du
CIRQUE DU SOLEIL

Du même auteur chez Québec Amérique

Le Mystère Villeneuve, Montréal, 2000.

Céline Dion, Montréal, 1997.

Jean Beaunoyer

Dans les coulisses du
CIRQUE DU SOLEIL

QUÉBEC AMÉRIQUE

Données de catalogage avant publication (Canada)

Beaunoyer, Jean
Dans les coulisses du Cirque du Soleil
Comprend des réf. bibliogr.
ISBN 2-7644-0242-2
1. Laliberté, Guy, 1959-   . 2. Cirque du Soleil – Histoire. 3. Artistes de cirque – Québec
(Province) – Biographies. 4. Cirque – Personnel – Québec (Province) – Biographies. I. Titre.
GV1811.L34B42   2004   791.3'092   C2003-940742-X

Le Conseil des Arts | The Canada Council
du Canada | for the Arts

Nous reconnaissons l'aide financière du gouvernement
du Canada par l'entremise du Programme d'aide au
développement de l'industrie de l'édition (PADIÉ)
pour nos activités d'édition.

Gouvernement du Québec – Programme de crédit
d'impôt pour l'édition de livres – Gestion SODEC.

Les Éditions Québec Amérique bénéficient du
programme de subvention globale du Conseil des Arts
du Canada. Elles tiennent également à remercier la
SODEC pour son appui financier.

Dépôt légal : 1er trimestre 2004
Bibliothèque nationale du Québec
Bibliothèque nationale du Canada

Révision linguistique : Andrée Laprise et Monique Thouin
Mise en pages : Andréa Joseph [PageXpress]

© 2004 Éditions Québec Amérique inc.
www.quebec-amerique.com

Imprimé au Canada

À mes trois filles

Avant-propos

J'ai très rapidement réalisé que raconter l'histoire du Cirque du Soleil, depuis les modestes débuts avec les amuseurs publics réunis à Baie-Saint-Paul jusqu'à l'éclatant succès que remporte actuellement ce cirque devenu le plus grand du monde, représentait une entreprise écrasante, presque impossible. Pourtant, ce défi m'a transporté jusqu'à la fin de la rédaction de cet ouvrage qui est le premier du genre consacré au cirque québécois.

Raconter le Cirque du Soleil et les autres cirques qui ont tenté avec plus ou moins de bonheur de s'implanter au Québec et ailleurs, c'est faire œuvre de pionnier. Il n'aura fallu que 20 ans pour que le Cirque du Soleil atteigne le sommet de son art. Partout dans le monde du cirque, on s'étonne de cette spectaculaire évolution. Il s'agit d'un essor sans précédent dans l'histoire des arts de la scène, d'une évolution si rapide qu'elle n'avait pas encore laissé le temps aux auteurs de s'attarder et de raconter ce phénomène venu du Québec.

J'ai opté pour l'entière liberté d'écriture, sans complicité, sans autorisation et surtout sans la permission des principaux acteurs, ce qui n'empêche ni l'admiration, ni l'amitié, ni la reconnaissance des hauts faits accomplis. Je persiste à croire cependant que la vérité, l'exactitude des faits et les portraits aux dimensions humaines plus que les images fabriquées sont appréciés par les lecteurs et risquent de s'inscrire un jour dans la grande histoire.

L'histoire du Cirque du Soleil est si jeune qu'il m'a fallu m'en remettre à des témoins privilégiés, une soixantaine environ, qui m'ont d'abord initié au monde du cirque et qui m'ont raconté leurs expériences vécues au Cirque du Soleil ou ailleurs. J'ai découvert des gens attachants, généreux et passionnés qui m'ont transmis leur amour du cirque. Je leur suis redevable de cet ouvrage que j'ai achevé en toute modestie. Le monde du cirque est grand de tous ses artistes, connus ou malheureusement oubliés. Certains d'entre eux ont beaucoup donné pour bien peu recevoir. La fortune du Cirque du Soleil n'a pas été distribuée également à tout son monde. On le verra dans cet ouvrage.

Il me fallait multiplier les rencontres, protéger dans certains cas mes sources qui tenaient absolument à l'anonymat. Il faut comprendre que la carrière de nombreux artistes demeure fragile et on redoute, dans ce milieu, les représailles du grand cirque québécois. Dans l'ensemble cependant, les artistes célèbrent les succès du Cirque du Soleil et ont quitté, dans certains cas, le grand chapiteau jaune et bleu pour créer à leur tour, pour inventer de nouveaux numéros à l'intérieur d'une troupe qui s'inspire de l'atmosphère familiale des débuts du Cirque du Soleil.

J'ai été étonné, en rédigeant ce livre, de la quantité et de la qualité d'ouvrages consacrés au cirque publiés en France. De magnifiques albums, abondamment illustrés traitent de l'histoire du cirque ou commentent les différentes approches des écoles de cirque surtout en France et en Europe. Contrairement à l'Amérique, qui a fait du cirque un art populaire, l'Europe et tout particulièrement la

France optent pour une vision beaucoup plus intellectuelle de la pratique circassienne basée sur une longue tradition.

Au Québec, on ne peut parler de tradition. Le Cirque du Soleil n'a que 20 ans, rappelons-le, et se doit d'inventer sans cesse son monde. C'est son plus grand défi.

J'ai regardé grandir le Cirque du Soleil avec une certaine distance. J'ai voyagé dans le temps et dans de nombreux pays avec ce cirque qui est à l'image du Québec moderne. Je vous invite à partager ce voyage, à suivre les traces de Guy Laliberté, Gilles Ste-Croix, Daniel Gauthier, Guy Caron, des clowns Chocolat, Chatouille, de la contorsionniste Angela Laurier, de l'acrobate Jean Saucier, des jumelles Steben, du maître de piste Michel Barrette, du curé clown Michel Laurin, de Franco Dragone et de tant d'autres qui sont les véritables auteurs de l'histoire du Cirque du Soleil.

JEAN BEAUNOYER

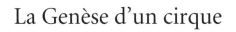

La Genèse d'un cirque

Pour comprendre l'histoire du Cirque du Soleil, il faut la lier à l'évolution du Québec et savoir que le destin de l'un est intimement lié à celui de l'autre. Rarement a-t-on assisté à un tel phénomène de récupération ici ou ailleurs. Raconter le Cirque du Soleil, c'est non seulement faire le récit de l'évolution des manifestations du cirque au Québec, mais aussi et surtout décrire le cheminement d'un peuple condamné à survivre et à créer. Le Cirque du Soleil a abondamment puisé dans cette histoire. Il en a été tributaire depuis les personnages légendaires que furent Jo Monferrand, Louis Cyr, le géant Beaupré ou Alexis Le Trotteur. Il l'est également d'événements comme Expo 67, la Francofête de Québec, les Jeux olympiques, les fêtes foraines de Baie-Saint-Paul et leurs Échassiers, le 450e anniversaire de l'arrivée de Jacques Cartier en terre d'Amérique, le renouveau du théâtre au Québec ou même l'émergence du nationalisme québécois.

Le Cirque du Soleil s'est nourri à toutes ces sources afin de se distinguer des autres cirques du monde. Il est devenu le plus grand cirque de la planète grâce à des gens et à des événements qui l'ont inspiré, façonné, orienté, soutenu et financé. Guy Laliberté, l'homme identifié au Cirque du Soleil, a manifesté jusqu'à ce jour un incontestable génie de rassembleur. Il a su recourir aux forces vives du Québec pour mettre son projet à exécution. Il a utilisé tout autant les amuseurs de rue ; les politiciens dont René Lévesque ; les créateurs de l'envergure de Franco Dragone, Guy Caron, René Dupéré et Gilles Ste-Croix ; les gestionnaires émérites comme Daniel Gauthier et Normand Latourelle ; les gens de théâtre dont René Richard Cyr, Robert Lepage, Dominic Champagne ; et les athlètes olympiques incluant André Simard, Sylvie Fréchette et Philippe Chartrand.

On a déjà dit de Guy Laliberté qu'il est charmant, qu'il sait fort bien solliciter l'aide des commanditaires et des subventionneurs avant de leur tordre le bras. Pourtant, le personnage est plus complexe et mérite qu'on s'y attarde. Le Cirque du Soleil, c'est l'histoire d'un monde qui a défini ses règles et ses valeurs. J'ai choisi de suivre à la trace le fondateur du Cirque du Soleil, pour mieux comprendre la nature même de ce cirque.

Personnage controversé, Guy Laliberté aura eu le mérite de briser la chaîne des insuccès internationaux qu'ont vécus trop d'entreprises québécoises. Délinquant ? Bien sûr ! Opportuniste ? Sûrement ! Mais aussi un homme d'une nouvelle génération, jeune loup refusant d'être né pour un petit pain. Laliberté a hurlé avec la meute et a défendu âprement le monde du cirque, avec élégance ou non.

Premier artiste cracheur de feu, clown et échassier reconnu et célébré par le monde des affaires, Laliberté a joué et gagné au sein du cercle restreint des grands entrepreneurs américains, par exemple Disney ou ceux de Las Vegas.

En chemin, Laliberté a perdu bon nombre de ses amis, comme il l'admettait lui-même en 1988. Le succès a aussi mis de côté des artistes de la première heure, de grands artistes qui méritent pourtant qu'on s'attarde à leur histoire.

Le premier cirque au Québec

Le cirque existait à l'époque de la Rome antique et les gladiateurs divertissaient le peuple. On doit la création du cirque moderne au sergent-major anglais Philip Astley. Le militaire présente de nombreux numéros équestres dans un champ, sur la rive sud de la Tamise à Londres en 1770. Il a défini les premiers codes de représentation, instauré la piste circulaire, le spectacle mosaïque avec des numéros variés et surtout le risque dans les prouesses des artistes. L'un de ses disciples, John Bill Ricketts, est venu présenter le premier spectacle de cirque à Montréal, au Champ-de-Mars, en 1797, et à Québec, près de la porte Saint-Louis, en 1798.

Par la suite, les Américains sont venus avec le fameux Barnum and Bailey. D'autres, dont le Cirque Shriners, ont inscrit Montréal et Québec dans leurs tournées annuelles.

Pendant deux siècles, les Québécois n'ont vu que des cirques américains à part une tentative du Cirque Royal en 1824, qui n'a laissé aucune trace, et celle du cirque de Louis Cyr, de 1894 à 1896, qui a probablement ruiné l'homme le plus fort du monde.

Les artistes de music-hall américains empruntaient les mêmes routes que les cirques en privilégiant toujours Montréal et Québec. Pendant longtemps, les artistes québécois ont souffert d'un complexe d'infériorité face au show-biz américain. Les artistes locaux ont dû attendre les années 1940 avant de pouvoir se faire connaître à l'étranger.

Les années 1940

À cette époque, un grand nombre d'artistes canadiens-français furent ostracisés dans un contexte où la religion catholique étendait encore son pouvoir sur le Québec. Il était difficile, sinon impossible, de braver les foudres d'un clergé omniprésent et qui dénonçait haut et fort toute tentative d'échapper à cette mainmise.

À partir des années 1940, des artistes du Québec tentent de s'affranchir d'une culture folklorique étouffante. Parmi eux, Alys Robi, André Mathieu, Arthur Leblanc, Félix Leclerc, Jean-Paul Riopelle, Paul-Émile Borduas, Claude Gauvreau... Certains ont payé chèrement leur liberté et leur audace artistique. Le texte du *Manifeste du Refus global* publié en 1948 illustre de façon magistrale le désarroi des créateurs au Québec et l'état de la pensée et du geste culturel.

Quelques-uns furent pourchassés, ridiculisés ou internés, d'autres choisirent l'exil. Et pourtant l'imaginaire des Québécois était déjà remarquable. Qu'on pense à Joseph-Armand Bombardier, ou encore à Alphonse A. Desjardins.

La Révolution tranquille des années 1960 réveille un peuple endormi. Le Parti libéral remporte les élections avec l'idée qu'« il est temps que ça change ». L'État prendra ses distances avec l'Église entre autres en créant un ministère de l'Éducation et en prenant en charge le système de santé et certains leviers économiques. Les chansonniers donnent une voix à ce nouveau nationalisme. C'est tout un peuple qui ouvre ses portes au monde entier lors de l'Exposition universelle de Montréal en 1967.

Expo 67

Après avoir accueilli 50 millions de visiteurs, les Montréalais d'abord et les Québécois ensuite ne furent plus jamais les mêmes. Des centaines de milliers de visiteurs ont été accueillis dans des foyers québécois pendant la période de l'Exposition universelle. Des amitiés ont été nouées avec des gens de toutes les origines ethniques et des mariages interraciaux ont été célébrés en terre québécoise. Des spectacles réunissant les plus grandes vedettes internationales ont été présentés sur le site de l'Expo et la fête s'est propagée dans les cafés, terrasses, salles de spectacle un peu partout dans la métropole et les grandes villes de la province. Le Québec change politiquement aussi. Un nouveau parti politique est créé, le Parti québécois. Le nationalisme est de plus en plus présent. C'est un nationalisme revendicateur. Il ne veut plus tout juste survivre, il veut vivre et créer un pays. Les Canadiens français sont désormais des Québécois et même le général de Gaulle viendra le crier au monde entier.

Le maire Drapeau avait finalement décidé de réouvrir la Ronde, parc d'amusement de l'Expo, en 1968 pour sauvegarder l'esprit de la fête, mais l'entreprise s'avéra trop onéreuse pour les contribuables montréalais. Elle vivota quelques années au milieu des anciens pavillons de l'Expo, qui sombraient dans l'oubli et l'abandon.

En 1968, c'est l'esprit de la fête, de la convivialité et de l'aventure qui demeure le souvenir le plus vivace de la période de l'Expo 67. Cet esprit renouait avec la tradition de la célébration ancrée dans les mœurs du Québec. Chez nous, la Fête-Dieu en mai, la fête de la Saint-Jean-Baptiste, patron des Canadiens français, le 24 juin, le défilé du père

Noël en hiver, le Carnaval de Québec, en février, ont toujours donné lieu à des manifestations spectaculaires qui ont attiré des foules considérables. À ces manifestations publiques, il faut ajouter les fêtes de famille particulièrement animées réunissant violoneux, gigueux, conteurs et chanteurs durant les fêtes. De tout temps, le peuple québécois a voulu célébrer sa foi religieuse, ses retrouvailles familiales ou sa ferveur patriotique. Les défilés avec chars somptueux, cortèges éblouissants, marionnettes géantes et fanfares ont fasciné toutes les générations.

Gilles Ste-Croix

En attendant, à La Sarre en Abitibi, un jeune homme amoureux de la nature et des chevaux manifestait un bel esprit d'entreprise et les camarades de son école l'avaient élu maire de la jeunesse de sa ville. Gilles Ste-Croix, né en 1950, avait lancé l'idée de réclamer un parc pour sa ville et en avait fait la demande officielle au ministère de la Jeunesse du Québec. Quelques mois plus tard, un fonctionnaire demandait à rencontrer monsieur le maire, un certain Gilles Ste-Croix. Qui fut le plus surpris? Sans doute le fonctionnaire lorsqu'il aperçut le maire... de 13 ans!

Woodstock 69

L'année 1969, c'est Woodstock qui demeure dans l'esprit et les mœurs d'une nouvelle génération. Pendant trois jours on célèbre l'amour, la liberté et la paix autour de la scène occupée par Jimi Hendrix, Janis Joplin, Joan Baez, Joe Cocker et autres légendes du rock. En s'inspirant de

Woodstock, on organise le Festival de Manseau au Québec. En plein centre-ville de Montréal, Paul Buissonneau monte un spectacle qui fera époque dans son Théâtre de Quat'Sous, *L'ostid'show* avec Robert Charlebois, Yvon Deschamps et Louise Forestier. Le Québec est branché sur la musique de la Californie, qu'il accompagne avec des mots d'ici, des jurons d'ici. Michel Tremblay révolutionne le théâtre québécois en utilisant le langage de la classe ouvrière du Québec – le joual – dans ses pièces.

La même année, autre mouvement de contestation de l'ordre établi. Les huit finissants de l'École nationale de théâtre refusent leurs diplômes pour « protester contre le caractère sclérosé de l'École nationale et faire reconnaître leur droit à l'improvisation et à la création collective ». Cinq d'entre eux – Paule Baillargeon, Claude Laroche, Pierre Curzi, Gilbert Sicotte et Raymond Cloutier – participent, quelques mois plus tard, à la fondation du Grand Cirque Ordinaire. Théâtre, musique, improvisation font partie de cette démarche artistique qui déjà s'approche du cirque. Du Cirque du Soleil? On peut parler d'une certaine parenté puisque les musiciens Benoît Fauteux et Sergio Boisvert font partie du Grand Cirque Ordinaire avant de se joindre à L'Enfant fort, un groupe multidisciplinaire fondé en 1975. À cette époque, les fanfares réunissent des amuseurs de rue qui sont musiciens, acrobates, jongleurs et qui préparent déjà, sans en être conscients, la création d'un cirque québécois.

Guy Laliberté

Dans les années 1970, on festoyait souvent chez les Laliberté. Tout un cirque à la maison alors que le plus jeune des fils de Gaston et de Blandine Laliberté, Guy, était le témoin des festivités familiales. On jouait de tous les instruments chez les Laliberté. Les parents du jeune Guy avaient vainement tenté de lui faire apprendre le piano. L'enfant était enjoué mais têtu. Né le 2 septembre 1959 à Québec, Guy Laliberté avait déjà un fichu caractère. Difficile de lui imposer quoi que ce soit même à un très jeune âge, même une leçon de piano.

« C'était trop théorique pour moi, dira Guy Laliberté plus tard, et j'abandonnais à chacune des tentatives de leur part. Mes parents adoraient la musique et la fête. Tout était prétexte à une fête à la maison. »

Son père est vice-président chez Alcan et rêve d'une carrière d'ingénieur pour son fils. L'homme est autoritaire et organisé. La mère, Blandine, est infirmière et s'inquiète souvent de son petit dernier aux boucles blondes et aux yeux enjôleurs qui adore jouer des tours pendables à ses frères. Enfant, il ne tenait pas en place. Adolescent, c'est encore pire.

À 14 ans, Guy décide de quitter la maison familiale sans prévenir qui que ce soit. Il laisse cependant sur la table de la cuisine un texte du philosophe Kahlil Gibran tiré du livre *Le prophète* et qui témoigne de l'état d'esprit du jeune fugueur :

« Vos enfants ne sont pas vos enfants. Ils sont les fils et les filles de l'appel à la vie elle-même. »

En 1974, Québec est occupée à la Francofête. Le jeune Guy Laliberté en est. Il paraît que c'est la Francofête qui l'incitera, 10 ans plus tard, à lancer l'idée du Cirque du Soleil. Pour l'instant, l'adolescent est fasciné par tous ces jongleurs, unicyclistes, acrobates, musiciens et chanteurs. Tous les médias font largement état de l'ampleur de la fête dans leurs éditions de septembre 1974.

Chocolat et Caron

Pendant ce temps, Rodrigue Tremblay, originaire du Lac-Saint-Jean, se trouve à l'École de cirque de Budapest. Comédien, c'est sous les conseils du président de l'Union des Artistes du Québec, Robert Rivard, qu'il se trouve dans la capitale hongroise. Accompagné de Sonia Côté, qui se fera connaître plus tard sous le nom de Chatouille dans ses numéros de clown, Tremblay a choisi d'être Chocolat et présentera des *Chocolat Shows*. Guy Caron, qui a déjà étudié en théâtre, les rejoindra sous peu. Les trois jeunes Québécois sont les premiers étrangers acceptés à cette école de cirque réputée qui forme des artistes complets.

C'est à Budapest que seront donc formés les premiers artisans du cirque québécois. On y jettera les bases d'un cirque nouveau qui rompra avec la tradition et l'influence du cirque américain. Chocolat et Chatouille exerceront une influence considérable sur l'art clownesque au Québec. Guy Caron sera, pour sa part, le moteur du cirque authentiquement québécois.

Les trois Québécois apprennent les rudiments du cirque dans un climat austère et leur apprentissage est parfois pénible.

« C'était tellement difficile, mais nous avons tenu bon pendant deux années », racontait Tremblay.

« À Budapest, les clowns n'étaient pas drôles du tout », ajoutera Caron.

À Budapest, Caron, Tremblay et Côté apprennent cependant à jongler, à jouer de divers instruments de musique, à danser, chanter, marcher sur un fil de fer, à maîtriser les patins à roulettes, à accomplir des tours de magie et à peaufiner leur art clownesque.

Tremblay y apprend à distinguer les catégories de clowns selon la tradition européenne : d'abord les clowns de reprise, qui parodient les numéros précédents ; puis les clowns d'entrée, qui annoncent le spectacle ; ensuite les clowns de théâtre, qui s'intègrent à un scénario ; et enfin les clowns-vedettes, qui présentent un numéro original qui leur appartient.

Le contexte social et politique de la Hongrie n'est pas facile à vivre au quotidien. Rodrigue «Chocolat» Tremblay quittera précipitamment l'École du cirque de Budapest alors qu'il était au premier rang des étudiants.

«Ce n'était pas facile de vivre dans cette ville à l'époque. On sentait la pression exercée par les Soviétiques jusque dans les salles de cinéma. Avant chaque représentation, on nous faisait voir sur grand écran un défilé de l'armée de l'URSS, avec soldats et chars d'assaut, pour bien signifier la présence et la puissance soviétiques dans l'esprit des Hongrois. C'était pauvre dans cette ville et nous étions considérés comme les plus riches de l'école avec notre subvention de 10 000 $.»

Les trois jeunes artistes reviennent au Québec en 1976.

Corridart, les olympiques des arts

Montréal prépare les Jeux olympiques et l'architecte français Roger Taillibert nous monte un stade, peut-être même plutôt un bateau selon les médias, qui s'acharnent sur son projet. On s'inquiète du coût de cette entreprise. Peu importe, les rêveurs croient encore à l'idéalisme olympique.

Peu avant l'événement, les artistes de la rue se manifestent pendant Corridart. La rue est subitement ouverte aux peintres, aux sculpteurs et aux animateurs, qui vont trop loin selon le maire de Montréal, Jean Drapeau. Depuis les années 1950, Jean Drapeau a livré une guerre sans merci au monde interlope et a fermé bon nombre de cabarets et de maisons clandestines de la rue Saint-Laurent. Il tient à ce que « sa » ville soit propre et à ce que les visiteurs étrangers voient dans Montréal une métropole internationale. Il refuse que la réputation de la ville soit ternie par des artistes contestataires et des amuseurs publics débraillés. La nuit du 13 juillet 1976, des équipes des Travaux publics de la Ville démantèlent l'exposition Corridart de la rue Sherbrooke. Le ministre libéral des Affaires culturelles, Jean-Paul L'Allier, demande au maire de Montréal de remettre en état l'exposition, et ce, aux frais de la ville. Drapeau s'entête et les artistes se mobilisent contre « l'assassinat de Corridart... geste de censure et de vandalisme intolérable qui est une atteinte au droit fondamental à la liberté d'expression et ouvre la voie à l'utilisation de procédés conduisant au fascisme », selon le Secrétariat des organismes de loisirs du Québec.

Chatouille, Chocolat et Caron, de retour à Montréal et qui ont été embauchés par le COJO (Comité organisateur des Jeux olympiques), participent à un spectacle de protestation au Théâtre de Verdure du Parc La Fontaine.

Les Jeux olympiques de Montréal ne rapportent que 11 médailles (aucune d'or) au Canada mais permettent aux Canadiens de célébrer des artistes étrangers dont Bruce Jenner et surtout Nadia Comaneci, la reine des Jeux de Montréal. Les Jeux s'achèvent avec un lourd déficit financier et une dette que les Québécois paieront pendant encore 30 ans.

Laliberté à la Nouvelle-Orléans

Au printemps de 1976, Guy Laliberté organise un voyage en autobus vers La Nouvelle-Orléans. Le jeune étudiant avait convaincu ses camarades de classe de l'accompagner dans cette ville des États-Unis. Il n'a qu'une idée en tête : célébrer le Mardi gras à La Nouvelle-Orléans. L'entreprise est pour le moins ambitieuse pour un adolescent de 16 ans. Il devra d'abord payer 8 000 $ pour la location de l'autobus et surtout convaincre les parents de permettre à leurs enfants de participer à l'expédition et de financer cette aventure, qui sera finalement un grand succès.

« Cette expérience m'a convaincu que je pouvais organiser des événements importants et que je pouvais amasser de l'argent », racontera plus tard Guy Laliberté.

À La Nouvelle-Orléans, il apprendra à jouer de l'accordéon avec les Cajuns.

Bread and puppet

À l'autre bout du pays, Gilles Ste-Croix perd littéralement son temps à l'Université Simon Fraser, à Vancouver, où il étudie l'architecture. Il rêve de grands espaces, de voyages et de théâtre. Il revient au Québec et se lance dans l'aventure du théâtre. Bohème, rêveur, mais homme d'entreprise, Ste-Croix cherche encore sa voie alors qu'il approche de la trentaine. Il étudie le théâtre, s'associe à des troupes de la région de Québec et décide, à la fin des années 1970, d'aller voir au Vermont un spectacle du Puppet Theatre dont ses camarades de théâtre lui ont beaucoup parlé. Il y découvre le théâtre de marionnettes géantes. En pleine nature, dans un immense champ, il est fasciné par des marionnettes de toutes les formes, de toutes les couleurs, de trois ou quatre mètres de hauteur. Plus encore, ce sont les échassiers qui l'impressionnent. Presque aussi grands que les marionnettes, ils marchent avec des jambes de bois cachées sous de longs pantalons. Ste-Croix a enfin trouvé son chemin! Déjà il imagine des personnages légendaires. Il pense, pourquoi pas, à Alexis Le Trotteur, à Louis Cyr, à Samuel de Champlain, aux Iroquois, à Maurice Richard. Il aime aussi l'atmosphère du Puppet Theatre, qui lui rappelle la liberté et les grands espaces de Woodstock. Il veut tout connaître de ce théâtre champêtre et de cet étrange personnage qui l'a fondé, Peter Schumann.

Né en Allemagne en 1934 sous le régime nazi, Schumann émigre aux États-Unis en 1962. Sculpteur et peintre, il ne tarde pas à s'élever contre la guerre du Viêtnam. Il participe à de nombreuses manifestations dans les grandes villes américaines et fonde le Bread and Puppet en 1963 pour exprimer à sa manière sa dissidence à l'égard de la politique américaine. Dès le début, il mêle acteurs amateurs, marionnettes géantes et masques pour présenter des spectacles politiques dans les rues des grandes villes. Très vite, Schumann devient un personnage écouté, admiré et souvent même vénéré par les mouvements de gauche américains.

En 1970, il installe son théâtre au Vermont dans une ferme à Glover et poursuit sa démarche de conscientisation des foules en dénonçant les injustices sociales et les inégalités avant de s'associer au mouvement écologiste à la fin des années 1970.

Activiste et artiste d'envergure reconnu jusqu'en Europe, ses spectacles, sortes de happenings, attirent des milliers de spectateurs tous les étés. Schumann influencera Ste-Croix tout comme le caricaturiste Serge Chapleau, qui s'inspirera de la technique du Bread and Puppet Theatre pour créer sa marionnette Gérard Laflaque dans les années 1980. Michel Laurin, que nous rencontrerons plus tard, a lui aussi vécu cette expérience d'un théâtre unique en son genre et a fondé un cirque peu après. Guy Pelletier, l'un des plus fervents admirateurs de Schumann, l'a connu et fréquenté. Il a d'ailleurs fondé Le Théâtre de rue, à Montréal, théâtre de marionnettes géantes inspiré par Schumann, l'Éléphant Théâtre et finalement Allégorie, qui organise des défilés de rue thématiques. Pelletier invite Schumann à se produire avec sa troupe de marionnettes à l'Université du Québec à Montréal et au théâtre de l'Espace Libre en 1978.

Les Échassiers de Baie-Saint-Paul

Gilles Ste-Croix songe déjà à un espace comparable à celui du Vermont pour présenter une fête foraine. Il choisit Baie-Saint-Paul pour y lancer ses Échassiers.

« Au début, je pensais monter un festival, mais une loi du conseil de ville empêchait de présenter un festival à Baie-Saint-Paul à la suite de problèmes que les habitants de cette ville avaient vécus avec les motards. Alors, on a décidé de proposer une fête foraine et le conseil a accepté », confia Ste-Croix.

C'est finalement en 1980 qu'il fondera Les Échassiers de Baie-Saint-Paul, ville qui est devenue le bassin des amuseurs publics du Québec.

« Après avoir vu le théâtre Bread and Puppet au Vermont, je me suis dit : "Pourquoi ne pas faire ça au Québec ?" J'ai pensé alors monter *La légende d'Alexis Le Trotteur*. Mon père, né en 1900, connaissait personnellement Alexis Le Trotteur. J'ai reçu une bourse de 4 000 $

LA GENÈSE D'UN CIRQUE

pour l'événement. J'ai appelé mes chums. J'ai organisé un échassothon de Baie-Saint-Paul à Québec. C'était tant du mille pour ceux qui voulaient nous commanditer. Les journaux ont couvert l'événement. J'avais 60 000 $ pour créer ma troupe, Les Échassiers de Baie-Saint-Paul. »

Pour gagner sa vie, Ste-Croix travaille à l'Auberge de jeunesse de Baie-Saint-Paul, située à flanc de montagne. L'auberge héberge les apprentis Échassiers que Ste-Croix recrute dans la région. Il accueille également dans sa nouvelle troupe bon nombre d'amuseurs publics de passage à Baie-Saint-Paul et qui finissent par s'y installer.

Maître d'œuvre des spectacles qu'il prépare avec de jeunes artistes en herbe, Ste-Croix ne se limite pas aux fêtes foraines de l'été. Avec sa troupe, il se rend régulièrement à Montréal entre les années 1982 et 1984, à la salle Polonaise en particulier, pour présenter son spectacle *La légende d'Alexis Le Trotteur*. Sur ses échasses d'un ou de trois mètres, Ste-Croix impressionne lorsqu'il se permet des sauts parfois périlleux.

Les membres de la troupe des Échassiers vont et viennent, selon leur humeur et leur disponibilité. On n'y gagne pas sa vie, on s'amuse et on participe à une fête perpétuelle à l'Auberge de jeunesse de Baie-Saint-Paul.

Les années 1970

Les années 1970 sont celles des grands espaces et du retour à la terre. Pour la jeunesse de l'époque, la société idéale ressemble à la vie en communauté à la campagne. Dans le monde de la musique, les groupes foisonnent. Beau Dommage et Harmonium seront les plus connus et écouleront des centaines de milliers d'albums en quelques années. La mode est au folklore. De toutes parts, on voit surgir des musiciens, des chanteurs qui interprètent le pays et la nature. Fabienne Thibault ou Marie-Claire Séguin s'habillent comme leurs ancêtres, les hommes comme des bûcherons et la musique regagne les bois.

L'Office national du film produit de nombreux documentaires alors que toute une génération est occupée à retrouver ses origines. On mange dans les crêperies, on boit du cidre, on visite les antiquaires et on chante : «Gens du pays, c'est votre tour de vous laisser parler d'amour». Certains s'installent à la campagne, d'autres voyagent dans la province, retapent de vieilles granges ou des maisons abandonnées pour s'y installer durant l'été. Des comédiens investissent dans les théâtres d'été.

Évidemment, ce retour à la terre se fait en communauté. La société des années 1970 mise sur le partage à l'intérieur d'un idéal social. Dans la foulée du *peace and love* des années 1960, cette génération méprise l'argent, la sécurité et vit en harmonie avec la nature, tout en poursuivant sa libération sexuelle et sa consommation d'herbes naturelles, d'ici ou de la Jamaïque.

Sur les bancs publics à Paris

Guy Laliberté joue de l'accordéon dans les rues de Québec et passe le chapeau à la fin de son numéro. Il adore sa vie d'amuseur public, d'itinérant et suggère aux membres d'un groupe folklorique dont il fait partie d'aller jouer en Europe. Quelques jours avant le départ, tous se désistent et Guy part seul avec 50 $ en poche, son accordéon et une liste d'organisateurs de festivals à contacter. Pendant un an, il dormira souvent sur un banc de parc à Paris ou à Londres avec la plus belle insouciance. Il apprendra même à cracher du feu, un art qu'il perfectionnera deux ans plus tard, à Hawaï, en côtoyant les meilleurs cracheurs de feu du monde. Accordéoniste, cracheur de feu, raconteur de légendes, Guy Laliberté apprend dans la rue les rudiments du spectacle.

Il revient finalement à la maison familiale, au grand soulagement de ses parents. Guy n'en a cure et se vante de revenir avec 200 $ en poche.

Il décide tout de même d'aller travailler à la baie James avec l'intention d'économiser pour payer ses études en génie nucléaire. Le chantier de la baie James fait vivre des milliers d'ouvriers qui y gagnent un argent fou. Malheureusement, trois jours après l'arrivée de Laliberté, les ouvriers déclenchent une grève et le chantier est fermé. Le jeune homme décide donc de passer l'été à la fête foraine de Baie-Saint-Paul.

« Cette grève a changé ma vie, racontera Guy Laliberté. Après avoir rencontré Les Échassiers de Baie-Saint-Paul, je ne suis jamais retourné à l'école. Je ne pensais qu'à présenter des spectacles. »

L'Enfant fort

L'Enfant fort est un rassemblement d'artistes à géométrie variable car la formation compte entre 10 et 50 musiciens selon l'humeur et la disponibilité de ceux-ci et veut faire la fête dans les rues de Montréal. Déambulant dans les rues du Plateau Mont-Royal, les musiciens et les amuseurs de L'Enfant fort interprètent une valse pour les vieilles dames de la rue Rachel ou participent aux célébrations d'un mariage rue Panet. Et ce, toujours spontanément et gratuitement. À compter de 1976, le groupe achète un autobus scolaire et effectue une tournée dans les villages du Québec, toujours pour provoquer la fête.

L'Enfant fort, formation particulièrement libre et n'obéissant à aucune contrainte, a donné naissance au Québec à de nombreuses formations musicales qui allient, dans bien des cas, des éléments de cirque.

La P'tite fanfare est l'une de celles-là avec ses musiciens, jongleurs et cracheurs de feu. Le Pouet Pouet Band, qui s'est orienté vers la scène en est une autre. Montréal Transport, dont fait partie Lou Babin, est également issue de L'Enfant fort et de la Fanfare Pourpour.

Le premier cirque du Québec ?

En 1977, le Cirque Gatini ouvre ses portes avec un chapiteau de 2 500 places. Bien sûr, les historiens diront que le Royal et surtout celui de Louis Cyr furent les premiers cirques du Québec, mais aucun n'avait la stature, l'envergure et l'infrastructure du Cirque Gatini, qui présente, lors de sa première tournée, 18 attractions dont la plupart sont de calibre international : rien de moins que sept numéros de dressage avec des éléphants, léopards, chevaux, ours et chimpanzés, cinq numéros de clowns et six numéros acrobatiques.

Le Québécois Michel Gatien, producteur de fêtes patronales, carnavals et festivals, lance le Cirque Gatini. Après avoir vu le cirque américain Vargas, qui remplit régulièrement son chapiteau de 5 000 places, Gatien décide de tenter l'aventure. Il n'invente rien puisqu'il adopte la formule du cirque américain et engage des artistes étrangers. Le nom Gatini donne une touche exotique et rappelle sans doute le lien étroit entre le cirque et l'Italie.

Le Cirque Gatini remporte assez de succès pour former deux troupes en tournée à sa deuxième saison en 1978. La saison démarre bien, avec des salles souvent combles, mais le malheur frappe alors que la dresseuse américaine Éloïse Berchtold trébuche pendant son numéro et est empalée par une corne de son éléphant Teak. L'animal la soulève, l'agite comme une poupée devant un auditoire sidéré. Le Cirque Gatini reprend cependant ses activités jusqu'à la fin de la saison. En 1979, à la suite de problèmes syndicaux et de la perte d'animaux, il déclare faillite.

Montréal-Québec en unicycle

En 1978, six amuseurs publics revendiquent le droit de se produire dans la rue et les lieux publics, des endroits souvent interdits ou d'accès limité par des règlements municipaux. Pour attirer l'attention du ministère des Affaires municipales et de la population, ils vont, de Montréal à Québec, sur des unicycles, vêtus en gladiateurs. Jean-Luc Arène, Reynald Bouchard, Ben La Barouette, Claude de Costa, Louis Perreault et Gérald Tardif réussissent finalement à couvrir la distance en 5 jours sur une seule roue de 24 pouces de diamètre à raison de 50 kilomètres par jour. L'exploit est célébré au café-théâtre Le Hobbit à Québec. Le lendemain midi, les amuseurs publics se rendent au Parlement y présenter leur spectacle et remettre au ministre des Affaires municipales une pétition réclamant leur droit à la rue.

Le leader du groupe, Jean-Luc Arène, a fondé la P'tite fanfare, qui propose de la musique et des numéros de cirque aux passants. Quand Arène, devenu aujourd'hui adjoint parlementaire de la circonscription de Sainte-Rose, au fédéral, raconte cette histoire du groupe, des images des années 1970 reviennent à la surface.

« Tout a commencé quand nous avons fondé le premier restaurant végétarien à Montréal, Le Matin des magiciens, qui était ouvert jour et nuit, près de la rue Rachel. On faisait la cuisine, on servait aux tables, on fêtait, on chantait et on discutait. C'était un tout petit restaurant sans prétention, mais l'atmosphère y était extraordinaire. On avait l'impression de tout inventer. Et puis, on a eu envie de faire de la musique, de présenter des numéros et on a laissé le restaurant pour prendre la route. On avait eu l'idée de fonder un petit cirque musical. Nous vivions à l'époque en commune sans penser au lendemain. Pour financer notre projet, nous sommes allés fouiller dans les poubelles de Westmount afin de trouver du matériel pour préparer notre vente de garage et c'est avec cet argent que nous avons acheté nos premiers instruments pour la P'tite fanfare.

« Nous étions une dizaine de membres. Jacynthe Tremblay, Agnès Falk, ma compagne Marjolaine faisaient partie de la troupe au début, mais ça changeait continuellement. Serge Hébert, notre cracheur de feu, et même Janot Painchaud (maintenant du Cirque Éloize) faisaient partie de la P'tite fanfare. Mon truc à moi, c'était de jouer du zuzaphone sur un monocycle. Nous avons joué d'abord dans les rues, puis c'est Franco Dragone qui nous a fait venir en Belgique. Nous avons joué par la suite en France, en Allemagne et finalement à Hong-Kong en 1991. »

La P'tite fanfare est l'équivalent montréalais de la Fanfafonie, troupe de Québec fondée en 1979 qui est formée de huit musiciens dont deux percussionnistes. René Dupéré fait partie de cette formation et quittera l'enseignement en 1981 pour se consacrer à la Fanfanonie.

Les amuseurs publics se rencontrent souvent à La Grande Passe, un bar *underground* de la rue Saint-Denis, angle Ontario, et refont le monde. Ils veulent aussi former le premier grand cirque québécois, comme s'il s'agissait de bâtir le premier royaume des amuseurs publics. On pense à fonder le premier cirque populaire du Québec, Le Grand Chapiteau. L'idée fait son chemin et Jean-Luc Arène demande au député Gérald Godin d'intercéder auprès du ministre des Affaires culturelles, Clément Richard, afin d'appuyer et de soutenir le projet d'un cirque national. Clément Richard s'y oppose et bon nombre de producteurs, dont Guy Latraverse, refusent carrément d'investir dans pareille entreprise. Il faut reconnaître que les amuseurs publics avaient bien mauvaise réputation à la fin des années 1970. Le milieu artistique estimait qu'ils étaient trop anarchiques, incontrôlables et libertaires. Ils buvaient trop, fumaient trop de « pot » et s'amusaient trop souvent pour faire partie du grand *show business*.

Un cirque politique

Dans les années 1960, des nationalistes du Québec, fort ennuyés d'aller voter pour un candidat à l'intérieur d'un régime fédéral auquel ils ne croient plus, décident de former le Parti Rhinocéros, un parti fédéral qui prône d'abord et avant tout la dérision.

D'où vient cette idée? Dans les très sérieuses archives du Parti Rhinocéros, on trouve une explication.

Les électeurs de Sao Paulo, fatigués et ennuyés par les candidatures des notables de la place – qui étaient toujours les mêmes –, se sont réunis à la taverne du coin et ont finalement lancé, après quelques bières, une suggestion qui est passée à l'histoire :

«Tant qu'à voter pour ces candidats insignifiants, pourquoi ne pas voter pour Cocereco?»

Et les joyeux fêtards levèrent leur verre et applaudirent à cette idée.

Pour votre gouverne, Cocereco était le plus gros hippopotame du zoo de Sao Paulo.

Contrairement à ce que l'on pourrait croire, cette histoire a eu des suites. Revenus de leur cuite, les joyeux fêtards ont inscrit sur la liste des candidats cet animal qui... s'est fait élire à la fin des années 1950 au parlement brésilien sans jamais y siéger.

C'est en s'inspirant de cette histoire que le docteur et poète Jacques Ferron fonda le Parti Rhinocéros en 1963 en compagnie de son frère Paul et d'amis dont Robert Cliche. En 1978, les amuseurs publics, François Gourd à leur tête, envahissent, après les chanteurs et quelques poètes, la scène fédérale avec de nombreux candidats aussi farfelus les uns que les autres. Le mouvement est absurde certes, mais ses nationalistes considèrent que leur entreprise clownesque répond à l'absurdité d'avoir à voter pour un parti indépendantiste d'une part et de choisir un gouvernement fédéraliste d'autre part.

Le Rhinocéros, qui prépare sa campagne de 1979 et 1980 (gouvernement minoritaire oblige), n'aspire surtout pas à prendre le pouvoir ni même à faire élire ses membres. Pendant ses 30 ans d'existence, sa devise demeurera : «De défaite en défaite jusqu'à la victoire». Parti fédéral de la dérision, le Parti Rhinocéros cherche d'abord à amuser, à tourner en ridicule la machine politique et à faire connaître des artistes. Robert Charlebois a été candidat Rhinocéros à

Longueuil en 1968, Gaston Miron, Victor Lévy-Beaulieu, Raoul Wéziwézo Duguay en 1972. Appuyée par les amuseurs publics, Chatouille a fait belle figure en 1979, très près du deuxième rang, et a bien failli se faire élire dans la circonscription de Laurier en 1980 en se classant deuxième avec 3 067 votes. Guy Caron a été candidat de ce parti dans Mercier et a reçu 1 074 votes et Guy « Pantouffe » Laliberté a été également candidat dans Charlevoix en 1980, récoltant 945 votes. Plus de 120 000 votes au total pour le Rhinocéros en 1980. De quoi faire réfléchir les politiciens. D'autant plus que le phénomène se répand dans d'autres pays. Le clown et humoriste Coluche se présente aux élections présidentielles de mai 1981 en France. Ce n'était qu'une blague, qui inquiéta les politiciens lorsqu'un sondage annonça que de 10 % à 12,5 % des Français se déclaraient prêts à voter pour le saltimbanque au premier tour.

Franco Dragone

Les amuseurs publics dépassent les frontières du Québec. Bon nombre d'entre eux se rendent en Belgique et font connaissance avec différentes compagnies de théâtre de la rue. C'est ainsi que certains d'entre eux se lient d'amitié avec Franco Dragone. Celui qui sera, quelques années plus tard, l'artisan des plus grands succès du Cirque du Soleil fait partie de la Compagnie du Campus, une jeune troupe de théâtre belge qui fait appel à des amateurs et qui produit des spectacles basés sur des thèmes sociaux ou politiques. La plupart des pièces sont jouées par des travailleurs immigrants, des membres de groupes féministes ou des ouvriers en chômage qui viennent tout simplement communiquer leur expérience et souvent leur misère.

Dragone veut dépoussiérer le théâtre, le rendre aux gens de la rue. Le théâtre Action l'intéresse tout particulièrement. Né en 1952 à Caraino en Italie, près de Naples, Dragone déménage avec sa famille à Louvière en Belgique en 1959. Enfant de Mai 68, il milite pendant 10 ans avec la Compagnie du Campus avant de s'associer au Cirque du Trottoir, un autre théâtre marginal de Belgique. Dragone est un homme qui se cherche encore lorsqu'il rencontre Guy Caron, qui songe à fonder une école de cirque à Montréal.

Daniel Gauthier

Gilles Ste-Croix rencontre Guy Laliberté en 1980 alors que celui-ci découvre Baie-Saint-Paul pendant la grève des travailleurs de la baie James. Il rencontrera Daniel Gauthier un an plus tard à l'Auberge de jeunesse de cette ville. Une longue association unira ces trois hommes. Tous les trois y travaillent à titre d'animateurs et vivent en communauté à la mode hippie. Ils portent les cheveux longs, festoient et vivotent en attendant d'organiser leur vie, ce qui ne semble pas particulièrement urgent. Laliberté fait partie de la troupe des Échassiers à titre de cracheur de feu. Gauthier, qui a roulé sa bosse dans différentes auberges du Québec, se limite à des fonctions administratives.

Né le 5 septembre 1958 à Saint-Bruno, Daniel Gauthier retrouve donc son camarade de classe Guy Laliberté. En 1980, Gauthier est comptable de l'Auberge et a fondé l'entreprise Gesco, qui administrera dorénavant la fête foraine de Baie-Saint-Paul. Plus sage, moins expansif et excessif que Guy Laliberté, il a étudié les arts plastiques et a obtenu un DEC au cégep de Sainte-Anne-de-la-Pocatière.

« J'ai étudié les arts plastiques, disait-il, mais je n'avais pas le talent pour devenir un artiste. J'étais cependant doué pour les chiffres et l'administration. »

Comptable autodidacte, Gauthier est effectivement doué pour la gestion et il est le seul membre de la troupe à connaître le fonctionnement d'un ordinateur et à en posséder un. Gauthier est l'homme sage et discret qui maintient l'équilibre de toute entreprise.

Les années 1970 s'achèvent lourdement alors qu'on assiste à la fin d'un monde utopique créé durant les années 1960. Ici et ailleurs dans les pays libres, on a voulu refaire le monde et même le Paradis terrestre à l'époque du *peace and love*. Grâce à la pilule contraceptive, les *baby-boomers* ont inventé l'amour libre. Ils ont découvert une nouvelle forme de liberté, d'indépendance et d'insouciance, en s'en remettant à l'État-providence.

La fin des années 1970 marque la fin d'un grand rêve. On a voulu refaire le monde, mais le monde n'était peut-être pas à refaire.

Les suites de Woodstock furent d'une grande tristesse. Parmi les participants de ce festival, Janis Joplin, Jimmy Hendrix et Jim Morisson furent victimes d'overdoses. Elvis lui-même est décédé en 1977 d'une overdose de pilules. Au Québec, la crise d'Octobre et la *Loi des mesures de guerre* ont définitivement enterré les nationalistes radicaux. L'aventure des Jeux olympiques de 1976 à Montréal a tellement endetté les contribuables qu'elle met fin à la folie des grandeurs de nos politiciens. Quant aux Américains, ils s'apprêtent à élire Ronald Reagan, déçus de la politique des droits de l'homme défendue par Jimmy Carter.

On porte encore les cheveux longs, les costumes sont toujours de couleurs criardes et la conscience sociale est toujours manifeste, mais on peut déjà percevoir que c'est la fin des utopies et que, désormais, il faudra être raisonnable. À Baie-Saint-Paul, Daniel Gauthier illustre ce changement. Il installe un ordinateur à l'Auberge de jeunesse et parle de gestion et d'administration.

Les années 1980

Le 20 mai 1980, le peuple est invité à se prononcer par référendum sur l'avenir du Québec. Le Parti québécois s'empêtre en formulant une question si timide, si complexe et si équivoque qu'elle ne satisfait ni les souverainistes ni les fédéralistes. René Lévesque, démocrate s'il en fut un, ne voulait pas brusquer les Québécois, qui devaient permettre à son gouvernement d'aller négocier l'autonomie du Québec à l'intérieur d'un partenariat avec le Canada.

Les résultats sont accablants pour les tenants du « oui », qui ne récoltent que 40,44 % des votes, contre 59,56 % pour le *statu quo*, en ce 20 mai 1980.

Le Québec sortira meurtri de cet exercice, et plus particulièrement les nationalistes. La majorité des artistes du Québec, qui s'étaient rangés du côté du Parti québécois, cherchent leurs mots, leur musique et leur voie. La question nationale devient un sujet tabou dans le monde des arts. Le Québec n'a plus de pays à chanter, à bâtir, à raconter. Le rêve s'estompe et s'éteint avec le référendum. On remise les costumes d'époque, les traditions, le folklore et on se met à l'heure internationale, à la musique internationale et aux modes internationales.

Les artistes étant en cale sèche, les entrepreneurs prendront la relève. Une nouvelle génération d'entrepreneurs, moins flamboyants, moins idéalistes, mais sûrement plus efficaces que ne le furent les poètes et les chantres du Québec. Ces jeunes entrepreneurs ont sublimé les forces créatives du Québec pour façonner une communauté qui va se prendre résolument en main. Les entreprises québécoises se multiplient dans tous les domaines. Le monde des arts s'organise et se développe. Naissent alors le Festival International de jazz, le Festival Juste pour rire et le Festival du cinéma. On assiste également au développement du phénomène du Québec Inc., palpable dans tous les domaines.

Même les amuseurs publics éprouvent le besoin de se rassembler, de s'organiser. On se « démarginalise » progressivement.

Le Club des Talons hauts

En 1981, Gilles Ste-Croix fonde le Club des Talons hauts. Comment expliquer cette initiative après qu'il ait fondé les Échassiers? Décision administrative, elle facilitera plus tard la création du Cirque du Soleil. Le Club des Talons hauts est une entreprise à but non lucratif avec employés qui peut réclamer des subventions importantes aux gouvernements du Québec et du Canada. Les Échassiers, qui regroupaient 75 membres non salariés, n'étaient pas structurés aussi avantageusement.

« Je voulais que tout le monde soit impliqué, expliquait Gilles Ste-Croix. On retrouvait 17 personnes sur la liste de paye, dont Guy Laliberté, qui était là depuis 1980, avec les Échassiers. À l'hiver 1981, on a présenté un show sur glace en échasses avec une subvention de 10 000 $. On visitait des arénas et on obtenait de l'argent des commanditaires. C'était dangereux. Je me suis brisé la clavicule, dévié la colonne, et finalement on a trouvé de l'équipement pour se protéger. On a fait ça pendant deux ans. La première fête foraine a eu lieu en 1982. Certains voulaient qu'on déménage à Montréal, moi je voulais rester à Baie-Saint-Paul. »

Le Club des Talons hauts présente des spectacles à l'extérieur de Baie-Saint-Paul hors saison. Gilles Ste-Croix imagine différents scénarios qui se prêtent à la saison ou au lieu. En hiver, les échassiers des Talons hauts patinent sur la glace à l'intérieur des arénas ; en été, ils parcourent les rues avec des échasses de deux ou de cinq mètres ; et dans les lieux de spectacle, ils présentent des numéros d'acrobatie.

Les spectacles sont très appréciés et on invite même les membres du Club à Paris, le 1er décembre 1982. Laliberté et Gauthier sont évidemment du voyage. Ste-Croix parle de ce voyage comme de l'une des grandes expériences de sa vie.

« À l'époque, nous n'avions pas beaucoup d'expérience avec les producteurs étrangers et nous avons accepté la proposition d'un producteur français qui nous offrait la chance d'aller jouer dans un théâtre à Paris, raconte Ste-Croix avec un enthousiasme d'enfant. On nous avait logés en haut du Châtelet et nous étions plusieurs par chambre. Jusque-là, pas trop de problèmes. Je voyais la tour Eiffel pour la première fois de ma vie et j'étais ému, mais voilà que nous découvrons le théâtre. Un espace vide, totalement vide, sans fauteuils, sans électricité. Plutôt que d'abandonner et de rentrer chez nous, nous décidons de faire un théâtre de cette place. Nous trouvons d'abord 150 chaises dans une vieille église qu'on nous prête gratuitement, puis on se branche clandestinement sur les fils d'électricité d'un restaurant qui se trouve sur le toit de l'édifice voisin. Pour annoncer notre spectacle, nous décidons de faire du placardage sauvage dans les rues de Paris. Au début, on a présenté notre spectacle devant 10 personnes, puis 30 et, la veille de Noël, à notre dernière représentation, c'était plein. »

Un film de Claude Jutra

À cette époque, deux scénaristes montréalais décident de tourner un documentaire sur les artistes de la rue. Robert Martin Béliveau et Jacques Clairoux amorcent leur projet en 1979. Après deux ans de recherches et de rencontres avec les amuseurs publics, ils dénichent un producteur et s'en remettent à Claude Jutra pour réaliser le documentaire avec tout le talent qu'on lui connaît. Dès le départ, ce projet est semé d'embûches. Le producteur déclare faillite après avoir encaissé un premier chèque. Les coscénaristes forment une compagnie, Médiatek, et on amorce le tournage le 17 octobre 1981 dans le Vieux-Port de Montréal. Jutra a tout juste le temps de boucler son tournage et d'entamer le montage avant que Médiatek, incapable de compléter le financement du film, ferme boutique. Certains investisseurs privés n'auraient pas respecté leur engagement.

La saga se poursuit lorsque Pierre Guévremont, principal financier et issu du secteur privé, met la main sur des bobines renfermant la totalité des *rushs*. La bande sonore est cependant égarée, les volets montés envolés et Guévremont met 10 ans à reconstituer le casse-tête.

Ce documentaire inédit est un document précieux qui dort encore dans les voûtes, faute de moyens financiers. Jutra réalise en 1981 et 1982 une histoire importante de l'évolution des arts de la rue. Cette œuvre inachevée est l'un de ses derniers films. Jutra aimait Fellini, le génial cinéaste italien qui a été inspiré par le monde du cirque. Jutra, qui disparaîtra, souffrant de la maladie d'Alzheimer, dans les eaux du Saint-Laurent, y renouait avec l'enfance et la rue.

Il avait saisi sur pellicule Guy Laliberté sortant de la gueule d'un dragon pour faire son numéro de cracheur de feu au son des tam-tam du square Philip. Il a également filmé une scène des Enfants du Paradis (ancêtres de la troupe de théâtre Carbone 14) sur l'absurdité des relations humaines, de même que des scènes délirantes de Chatouille, Chocolat et Reynald Bouchard. En pleine campagne du Parti Rhinocéros, la caméra de Jutra avait capté Chatouille qui se promenait dans une baignoire dans la rue Prince-Arthur en scandant : « Ne laissons pas cette rue devenir une autre rue Duluth. » Le film, titré *Un petit bonhomme de chemin,* illustre toute la vitalité des amuseurs publics du début des années 1980.

« Le Festival International de Jazz de Montréal et le Festival Juste pour rire n'ont rien inventé. Les Québécois ont toujours fait la fête dans la rue, estime Robert Martin Béliveau. L'art de la rue est un mode d'expression qui a marqué le Québec et qui a laissé peu de traces. C'est pourquoi nous avions décidé, alors que le phénomène était encore vivant, d'en faire un film documentaire. Nous voulions que les artistes de la rue aient une reconnaissance publique. »

Immaculée-Conception – École de cirque

Peu à peu, le petit monde du cirque québécois s'organise. En 1981, Guy Caron et Pierre Leclerc (du théâtre Circus, qui deviendra Dynamo Théâtre) fondent l'École nationale de cirque et s'installent dans un local, au quatrième étage du Centre de loisirs Immaculée-Conception rue Papineau à Montréal. Ce sont des débuts fort modestes, alors qu'on associe la formation d'artistes du cirque à une activité de loisirs. Des clowns, des jongleurs et des acrobates s'entraînent déjà dans ce centre de loisirs et bénéficient des conseils d'André Simard, un athlète renommé qui a participé aux Jeux olympiques de Munich en 1972 et de Montréal en 1976. Simard apporte son appui à Caron et à Leclerc, qui jettent les bases d'une école qui jouira, quelques années plus tard, d'une réputation mondiale.

Pour l'instant, le budget est limité et le directeur du Centre, le père Marcel de la Sablonnière, fournit le local gratuitement.

« D'abord que vous faites un *show* pour les enfants, nous, on sera bien contents », dit-il à Caron et à Leclerc.

Le Centre de loisirs Immaculée-Conception, fondé en 1951 par le curé de la paroisse, Wilfrid Gariépy, a formé de nombreux athlètes, combattu la délinquance en occupant une jeunesse souvent désœuvrée et réuni la famille tout au long de son histoire. L'âme de ce centre a évidemment été le père Marcel de la Sablonnière, personnage de grande envergure qui a été membre de l'Association olympique pendant de nombreuses années, en plus de fonder l'Auberge du P'tit bonheur et d'initier la population des quartiers ouvriers au camping et aux activités de plein air.

Les jeunes qui fréquentaient ce centre de loisirs du Plateau Mont-Royal à Montréal ont été attirés par cette école de cirque. Jean Saucier, équilibriste qui travaillera au Cirque du Soleil en 1985 et 1986, était l'un d'eux.

« J'ai étudié les arts du cirque au Centre Immaculée-Conception à temps plein et c'est là que j'ai appris le plus beau métier du monde pendant deux ans. À cette époque, ce n'était pas aussi structuré qu'aujourd'hui et on considérait les arts du cirque comme un loisir. En autant qu'on avait l'argent pour payer le cours, nous étions automatiquement acceptés. »

Les fêtes foraines

Les fêtes foraines de Baie-Saint-Paul ont été présentées de 1982 à 1984 avec en sous-titre *Festival des amuseurs publics*. Gilles Ste-Croix, qui était aux commandes de cette entreprise, en parle encore avec beaucoup de conviction :

« J'ai expliqué au maire et aux commerçants de Baie-Saint-Paul qu'une fête foraine serait avantageuse pour tout le monde puisque les gens qui vont à La Malbaie s'arrêtent habituellement à Baie-Saint-Paul. Le Club des Talons hauts a organisé la première fête foraine, qui a eu lieu en 1982 et qui succédait au Festival de Baie-Saint-Paul. Les commerçants ont fait la piastre. On a clôturé le stationnement près de l'église, installé un chapiteau et les gens payaient un dollar pour assister au spectacle. Sur le parvis de l'église, Les Enfants du Paradis présentait son théâtre de rue. En 1983, je confie l'organisation des fêtes foraines à Guy Laliberté, qui était avec nous depuis 1980. Moi, je voulais me concentrer sur mes Échassiers parce que les tentes et les chapiteaux me semblaient trop compliqués. Cette année-là, Angela Laurier, Guy Caron, la Fanfafonie, le Pouet Pouet Band, la fanfare Pourpour étaient déjà à la fête foraine. »

Déjà émerge la forte personnalité de Guy Laliberté, qui saura organiser les fêtes foraines en dépit de ses 22 ans et de son allure de jeune blanc-bec aux longs cheveux blonds. Laliberté n'est pas un amuseur public comme les autres. Issu d'un milieu bourgeois, élevé dans une famille à l'aise financièrement, le jeune Guy n'a aucun antécédent qui l'incite à entreprendre une vie de misère et à devenir une victime de la société. Il est devenu amuseur public par goût d'aventure, par besoin de liberté, avec l'esprit d'un contestataire des années 1970.

« Il n'y avait jamais de spectacles pour des gens comme moi qui se produisaient dans les rues. On tenait pour acquis que les mimes, échassiers, jongleurs, musiciens de la rue jouaient un peu partout dans les rues sans être reconnus, sans être payés. On nous invitait à prendre un lunch dans un chic restaurant et on nous demandait par la suite de faire rire et d'amuser tous les invités pendant une heure. C'était tout ce qu'on nous proposait pour gagner notre vie. C'est alors que nous avons décidé d'organiser notre propre festival et de monter des spectacles intéressants qui ont attiré des foules à Baie-Saint-Paul. »

Baie-Saint-Paul, une ville de plus de 13 000 habitants de la région de Charlevoix, est située à 100 km à l'est de la ville de Québec sur la rive du Saint-Laurent. Baie-Saint-Paul est unique par son site marqué par la montagne, le fleuve, la verdure et le contrefort du parc des Grands-Jardins du côté nord. Cette ville charmante, avec sa luminosité presque magique et ses couleurs surprenantes, attire les peintres depuis toujours. On y trouve plus de 25 galeries d'art, des boutiques artisanales, un Centre d'exposition où on présente le Symposium de la nouvelle peinture au Canada, un Centre d'art, des fromageries, la microbrasserie Charlevoix et tant d'événements qui témoignent d'une grande activité culturelle dans cette région.

Baie-Saint-Paul est une fête pour les yeux, une inspiration pour les artistes peintres fascinés par les couleurs, les montagnes, le fleuve et les grands espaces. Clarence Gagnon, A.Y. Jackson, Jean Paul Lemieux, Marc-Aurèle Fortin, Jean-Paul Riopelle, le peintre suisse René Richard et le Groupe des sept, pour n'en nommer que quelques-uns, en ont fait périodiquement leur port d'attache.

À Baie-Saint-Paul, quelque chose dans l'air semble inspirer la créativité. Quand on remarque aujourd'hui la richesse des couleurs et la délicatesse de la lumière qui émergent des spectacles du Cirque du Soleil, on pense à Baie-Saint-Paul, le berceau du cirque le plus lumineux du monde.

Avant que les festivals se multiplient à Montréal, avant que la grande ville récupère les grands événements artistiques du Québec et ouvre ses rues aux musiciens, aux humoristes, aux clowns, aux cinéphiles et aux chanteurs, Baie-Saint-Paul était un lieu privilégié de fêtes et de manifestations culturelles.

Gilbert Rozon

À cette époque, le comédien et maintenant animateur de radio Mario Lirette produisait une pièce de théâtre qu'il présentait dans le cadre des fêtes de Baie-Saint-Paul. Gilbert Rozon, actuel président et fondateur du Festival Juste pour rire, était associé au spectacle de Lirette à titre de régisseur et de fournisseur du matériel de scène.

« C'était la place *cool* au Québec, raconte Rozon. Il fallait être là. C'était un mini-Woodstock où se retrouvaient les jeunes artistes et on avait l'impression d'être meilleur quand on se trouvait à Baie-Saint-Paul. On vivait constamment sur un nuage et j'arrive difficilement à expliquer pourquoi. Peut-être parce qu'on vivait dans la plus belle Auberge de jeunesse qui soit, située sur le flanc de la montagne. Il n'y a qu'une seule Auberge de jeunesse à Baie-Saint-Paul et c'est là qu'ont demeuré les Échassiers par la suite. »

Rozon n'a que 24 ans. Il a étudié le droit et son séjour dans Charlevoix lui permet de vivre un des plus beaux étés de sa vie. Une insouciance, une camaraderie, un partage qu'il n'a jamais retrouvés par la suite. Baignant dans le monde du théâtre, de la musique et de la peinture, il songe à une carrière dans le monde artistique.

« Quand j'y pense aujourd'hui, je crois que c'est à Baie-Saint-Paul que j'ai décidé de me lancer dans le monde du spectacle. »

Un événement va chambarder sa vie. C'est la nuit et on n'y voit rien sur la route. Rozon et Lirette se rendent au théâtre en empruntant une route de terre. Rozon conduit une familiale et Lirette le suit de très près. Parmi les cinq occupants, son meilleur ami, Jacques Matte, un dramaturge prometteur. Dans un tournant, une auto-taxi s'amène en sens inverse et ne peut s'arrêter. L'auto-taxi happe la familiale de Rozon et la coupe en deux :

« Je me souviens très bien, raconte celui-ci. On écoutait une chanson de Marilyn Monroe dans l'auto. J'ai vu de la lumière arriver subitement vers nous, et puis *black-out*. Je l'ai entendu mourir. J'ai entendu mon meilleur ami mourir. Moi, j'ai eu à peine une coupure à la tête. »

Un autre occupant est décédé à la suite de cet accident et c'est Mario Lirette qui a identifié les corps :

« C'était la première épreuve de ma vie. Une épreuve qui m'a changé. Je ne suis pas retourné à Baie-Saint-Paul pendant au moins 10 ans, mais je n'avais pas oublié cet endroit presque mythique. »

Gilbert Rozon a organisé les spectacles de la Grande Virée à Lachute en 1980-1981-1982. Et qui étaient les premiers artistes engagés ? Gilles Ste-Croix, Guy Laliberté et Les Échassiers de Baie-Saint-Paul. On a déjà accueilli 80 000 personnes en 4 jours pour l'événement, de quoi inspirer les jeunes Échassiers et surtout Guy Laliberté, qui apprend vite. Ce n'est encore qu'un jeune homme, un ti-cul, comme on dit chez nous, qu'on traite paternellement, mais le ti-cul prend du gallon pendant son passage à Baie-Saint-Paul et Gilles Ste-Croix remarque déjà ses talents d'homme d'affaires et d'organisateur. Le jeune flot se débrouille toujours bien en affaires et fait déjà preuve de leadership.

Entre les années 1982 et 1984, les artistes de toutes les régions du Québec venaient les trouver à Baie-Saint-Paul pour échanger des idées, prendre une bière, fumer un joint, présenter des spectacles et surtout fêter à l'intérieur d'un cadre enchanteur. On ne pouvait trouver meilleure terre pour ensemencer l'idée d'un cirque du Québec au Québec.

« J'y étais avec la Fanfafonie à cette époque. J'ai donné des leçons de musique pendant les fêtes foraines, racontait René Dupéré. Les jeunes venaient apprendre à composer des arrangements musicaux, d'autres à maquiller, à créer des costumes. C'est là que j'ai rencontré le groupe de Baie-Saint-Paul [les Échassiers]. À la fin de la semaine du festival, nous avons monté un énorme spectacle à l'aréna de Baie-Saint-Paul. On devait être 150 artistes sur scène. »

Déjà une atmosphère de cirque.

« Il y avait tant de gens talentueux réunis, tant d'énergie que nous pensions que quelque chose allait se produire. Nous avions tous les éléments en main pour créer un cirque. Nous en avions d'ailleurs discuté. Quand les fêtes du 450e de Québec ont été annoncées, Guy Laliberté n'a pas tardé à entreprendre des démarches pour obtenir une subvention pour la création d'un cirque, mais à l'époque, le cirque avait été pensé en fonction des festivités de Québec 84 uniquement.

Le cirque d'un curé

Guy Laliberté et Les Échassiers de Baie-Saint-Paul ne sont pas les seuls à rêver d'un cirque permanent au Québec. Dans la petite municipalité de Saint-Sulpice, le curé de la paroisse du même nom, Michel Laurin, dit sa messe le matin et reçoit 700 spectateurs l'après-midi et le soir sous son chapiteau. Pas moins de cinq représentations les fins de semaine. Vingt-cinq artistes font partie du spectacle et le curé Laurin joue le clown dans ce cirque nommé tout simplement Cirq. Probablement le seul clown-curé du monde et propriétaire d'un cirque en plus. Après l'évangile, le cirque est la plus grande passion de Michel Laurin, qui a été ordonné prêtre en 1965.

Jeune, il a lu *La fête des fous*, un livre qui traite de la fête dans une perspective théologique et qui présente Dieu sous les traits d'un Arlequin. Il n'en fallait pas plus pour exalter le jeune novice, qui renouait avec ses rêves d'enfant. Il serait un prêtre du cirque.

En 1979, il s'achète un autobus scolaire (pratique courante, semble-t-il, à l'époque) et lance un minicirque ambulant. Il se rend à la fête foraine de Baie-Saint-Paul et fraternise avec les Échassiers de l'endroit et les amuseurs publics. Il se rend également au Vermont assister aux spectacles du Théâtre Bread and Puppet. Michel Laurin n'est pas un curé comme les autres. Il a déjà été travailleur social et ne se formalise pas du comportement des *posthippies* de la fin des années 1970.

«On m'a offert toutes sortes de choses pendant mes années de cirque. J'ai pris un petit joint de temps à autre mais jamais de drogues dures, évidemment, parce que je pense qu'il faut garder l'équilibre et que j'ai vu les conséquences de ces drogues dans mon travail d'animateur social. Mais j'ai béni des mariages à cette époque et j'ai reçu de nombreuses confidences. Au Vermont, j'ai découvert le monde des marionnettes géantes et l'esprit du Bread and Puppet, où les spectacles pouvaient durer trois jours. On préconisait des religions orientales, on discutait et on refaisait le monde là-bas. »

Ce curé pas comme les autres s'y sentait à l'aise sans pour autant remettre en question sa foi et ses valeurs :

« Dans ce milieu, il y a l'exaltation du corps, de la force, de la souplesse. Le cirque, c'est aussi une famille qui recrute des gens qui n'ont pas de famille ou qui sont en rupture avec leurs parents. Je voulais faire partie de cette famille et j'ai étudié l'art clownesque dans les ateliers avant de jouer sur scène. »

En 1982, Michel Laurin engage des artistes pour lancer son cirque et, parmi eux, on trouve... Gilles Ste-Croix et Guy Laliberté. Le Cirq vivra de 1982 à 1985. Pendant cette période, M. le curé se rend chez le député de sa région, le ministre Jacques Parizeau, en compagnie de Jean Fillion, de Louis Perreault et de Luc Lachapelle. Le groupe demande de l'aide à Parizeau pour fonder un cirque permanent au Québec. Celui-ci leur demande de chiffrer le budget de l'opération. On arrive à 950 000 $ et le ministre soutient le projet. À la fin de l'année 1983, trois groupes entreprennent des démarches auprès du gouvernement provincial afin d'obtenir son soutien financier pour un nouveau cirque. On attend la réponse. Finalement, le groupe du Cirq apprend qu'une subvention de plus d'un million de dollars a été accordée au Club des Talons hauts pour fonder le Cirque du Soleil. Avec le recul, Michel Laurin constate que le cirque dirigé par Guy Laliberté a grandi bien vite, peut-être trop vite :

« Le Cirque du Soleil a sauté trop vite dans une dimension internationale, estime-t-il. Il est devenu trop gros et ne pouvait plus présenter des spectacles que dans des grands centres comme Montréal et Québec. Nous, on favorisait une cirque régional. »

Le curé Laurin a vendu son chapiteau en 1985. Avec son maigre salaire de curé de 18 000 $, il n'aurait pas été capable de finir de payer avant 2007 son chapiteau de 25 000 $. Il s'intéresse aux activités de Cirque et fantaisies en 1987 et s'inspire des clowns du Cirque Big Apple de New York, qui travaillent en permanence dans les hôpitaux, et du Rire médecin de France, pour égayer les patients dans nos hôpitaux en s'habillant en clown. Encore là, il n'est pas un prêtre comme les autres. Aux dernières nouvelles, il étudiait la danse et comptait se produire sur scène.

Québec 84

En 1984, tout le Québec parle de Québec 84. Pour célébrer le 450e anniversaire de l'arrivée de Jacques Cartier au Canada, on organise 63 jours de fêtes et célébrations. Tout le monde rêve des grands voiliers du monde entier qui viendront accoster dans le Vieux-Port de Québec. On prépare l'événement depuis des années et on annonce qu'un *Été mer et monde* devrait faire de la ville de Québec « la capitale mondiale de la voile et de la mer ». On prévoit attirer des millions de visiteurs. Un des membres de la Corporation Québec 84 prédit que « ce sera gros comme les Jeux olympiques ».

Le gouvernement fédéral a dépensé 150 millions de dollars pour rénover le Vieux-Port de Québec. Des hommes d'affaires ont englouti des fortunes pour installer des kiosques, des restaurants, dont l'un nommé... La Galère. D'autres ont affrété un paquebot, The Island Sun, pour y louer des chambres à 150 $ la nuit. Plus de 400 000 programmes-souvenirs ont été imprimés et chacun de ces commerçants prévoit faire la grande passe.

Les grands voiliers font leur apparition à la fin de juin et émerveillent les visiteurs. Un peu plus tard, le 19 août, la course transatlantique Québec–Saint-Malo est un autre succès, mais tout le reste nage dans la confusion la plus totale. Les hommes d'affaires qui ont investi dans le paquebot The Island Sun ont fait une faillite de plusieurs millions de dollars, les programmes-souvenirs sont vendus à rabais et les restaurateurs ont perdu beaucoup d'argent. On a rapidement senti l'improvisation. Les organisateurs avaient littéralement fermé l'accès au Vieux-Port alors que les habitants du quartier devaient présenter un laissez-passer spécial pour regagner leur domicile. Les spectacles d'animation étaient rares, les attractions pour la famille et les enfants quasi inexistantes et les passeports n'étaient même plus utilisés à la fin de la saison. Finalement, peu de touristes sont venus. À peine 2 % des visiteurs étaient venus des États-Unis, 8 % de Montréal, 8 % du reste du Québec, du Canada et d'Europe, et 80 % de Québec. Les espaces de stationnement qu'on avait prévus jusqu'à 50 ou 60 km à l'extérieur de Québec étaient, le moins que l'on puisse dire, superflus. À la fin de l'été, on enregistrait un déficit d'une dizaine de millions de dollars. On se souviendra cependant des voiliers et... du Cirque du Soleil.

Naissance d'un cirque

Gilles Ste-Croix se souvient de l'année 1984. Pour tous les artisans de cette aventure inoubliable, elle aura été une année magique. C'est avec tant de candeur, de sincérité, d'espoirs mêlés à un brin d'insouciance, d'inconscience sûrement propre à la jeunesse qu'on lance le Cirque du Soleil.

« En 1984, nous avions deux projets, précise Ste-Croix : la fête foraine et *Le Grand Tour*, la première version, le tout premier spectacle du Cirque du Soleil. Je participais au spectacle à titre d'échassier et j'ai été le premier artiste engagé par le Cirque du Soleil. Ça prenait une corporation qui existait depuis quatre ans pour obtenir une subvention et les Échassiers ont signé pour *Le Grand Tour*. Ce spectacle devait circuler à travers la province et le prix des billets était de 2 $ pour les adultes et 1 $ pour les enfants. Gilles Loiselle, commissaire des fêtes du 450ᵉ, a tripé sur notre projet. *Le Grand Tour* a été, finalement, le seul événement qui a eu du succès au 450ᵉ. Les artistes qui ont participé à ce spectacle venaient de partout : du Québec, de la Suisse et de la Belgique. »

« On a signé un contrat avec le gouvernement nous engageant à présenter un spectacle itinérant et on a su profiter de la conjoncture puisque le Commissariat des fêtes de 1984 avait des ressources », dira Guy Laliberté, qui fait preuve d'audace et de ténacité pour provoquer la naissance du cirque dont il a rêvé.

Il ne se laisse pas impressionner par le ministre des Affaires culturelles, qui refuse d'entendre parler d'un cirque québécois, et s'adresse directement à René Lévesque. C'est lui qui, passant au-dessus de Clément Richard, octroiera une subvention de 1,4 million de dollars avec mission d'aller présenter le spectacle dans 11 villes du Québec.

« Le principal problème avec les Échassiers et la fête foraine, c'était l'administration, précisera Guy Laliberté quelques années plus tard au journaliste Laurent Saulnier. Carrément anarchique. En 1984, quand on nous a demandé de présenter quelque chose pour le 450e anniversaire de la découverte du Québec par Jacques Cartier, on s'est rendu compte qu'on ne pouvait plus fonctionner comme ça car on se retrouvait avec un budget de 1,4 million. À l'époque, les négociations étaient ultradifficiles. On était le chien dans le jeu de quilles des gros producteurs comme Fournier ou Latraverse. Clément Richard ne croyait pas du tout au cirque. Pour lui, on n'était qu'une bande d'anarchistes qui venaient foutre le bordel. Si on a réussi, c'est parce que René Lévesque a tordu le bras à Richard. »

Au-delà des tractations et des jeux de coulisses, il y a eu la vision d'un jeune homme de 24 ans. Au-delà des apparences, si on écoute attentivement, on découvre un être de passion qui sait convaincre et séduire. Ce sera le plus grand atout dans la démarche d'un jeune homme qui sait très bien où il va. René Lévesque, qui connaît bien les hommes, l'a rapidement compris.

À l'été de 1984, Guy Laliberté sait déjà ce que sera le Cirque du Soleil, ainsi nommé parce que ses meilleures idées jaillissent lorsqu'il est exposé au soleil. Après avoir parcouru les rues du Québec et de l'Europe à titre d'amuseur public, il veut créer un cirque authentiquement québécois et relever le statut des amuseurs publics, donner à ces artistes un chapiteau et une famille : le cirque.

Dire qu'on accueille cette idée à bras ouverts serait exagéré, mais le jeune homme s'entête et s'entêtera même s'il a subi un nombre effarant de refus de la part de financiers du Québec qu'il ne nommera jamais. Pas étonnant que l'admiration que portait Laliberté à René Lévesque ait grandi depuis 1984. Lévesque est d'ailleurs présent au tout premier spectacle du Cirque du Soleil, à Gaspé, le 16 juin 1984.

Laliberté avait utilisé les sommes d'argent recueillies pour acheter le premier chapiteau du Cirque du Soleil, qu'il avait fait venir d'Italie. Ce chapiteau jaune et bleu, les couleurs définitives du cirque, pouvait abriter 800 spectateurs. On avait répété le spectacle au cégep Lionel-Groulx. Guy Caron signera la mise en scène, mais, en réalité, il supervise une création collective dans laquelle chacun apporte sa contribution au spectacle final. Caron est définitivement l'homme fort du cirque en 1984. Il est le plus expérimenté de toute la troupe, ayant voyagé et étudié les arts du cirque à l'étranger, et c'est un homme structuré, organisé et responsable.

Dans la journée, à Gaspé, la criée. Les cortèges défilent dans la rue principale pour annoncer le spectacle. Pas moins de 35 artistes y prendront part. La Fanfafonie, l'orchestre du cirque, prépare ses instruments, les acrobates se réchauffent les muscles et les clowns se maquillent pendant qu'on dresse le chapiteau. Laliberté n'a pas lésiné et a embauché les meilleurs artistes disponibles. Il a même invité des troupes européennes pour diversifier le spectacle. Le Cirque du Trottoir de Belgique, la troupe Tel Quel de Suisse, la Fanfafonie, Ferdinand et Chocolat, Chatouille, Gilles Ste-Croix et ses Échassiers évidemment, les clowns de La Ratatouille, la contorsionniste Angela Laurier, le Tap Sixtet de l'École Circus de Québec, Les Marionnettes du bout du monde et les Enfants dompteurs du Québec... Guy Caron est le maître de cérémonie.

L'itinéraire de la première saison du Cirque du Soleil comprend 11 villes visitées en 11 semaines jusqu'au 26 août à Montréal. La troupe attirera 30 000 spectateurs enthousiastes. Chacun des spectacles est différent et tous les artistes sont mis en évidence au cours de cette tournée. Les saltimbanques s'amusent, les musiciens s'expriment en toute liberté, les acrobates rivalisent d'exploits et de mystifications à l'intérieur d'un cirque chaleureux qui draine les foules partout où il passe.

« Cette tournée a été un véritable party qui a duré 11 semaines, se souvient René Dupéré, musicien de la Fanfafonie. Tous les artistes se connaissaient, sauf les Belges, mais après le premier spectacle nous connaissions tous les membres du groupe. La réaction du public était extraordinaire. Dans la ville de Québec, nous avons frôlé la catastrophe et nous avons réellement eu peur que la situation se détériore quand nous avons vu que 4 000 personnes espéraient obtenir des billets alors que notre chapiteau contenait à peine 800 places. »

À Québec et partout en province, l'originalité du concept du Cirque du Soleil enchante les spectateurs. Déjà les journalistes décrivent le spectacle comme un « étrange mélange théâtralisé des arts du cirque et de la rue sous un éclairage féerique et sur une musique originale. Et il n'y a pas d'animaux ». Dès le départ, le Cirque du Soleil se distingue du cirque traditionnel.

Il pleut souvent au cours de l'été de 1984 et l'orage a même ébranlé le chapiteau à Gaspé. Le mât s'est brisé et il faut le rafistoler tant bien que mal avant de reprendre le spectacle et la route. Malgré tout, quelle fête parmi les artistes, quel bonheur !

Des amuseurs publics ont trouvé un toit, une reconnaissance, un nouveau statut. De plus, ils sont logés, nourris et payés sans avoir à passer le chapeau. La notion de famille est importante pour les artistes de cirque. Plusieurs sont orphelins. C'est le cas de Ben la Barouette et de Dézo, entre autres. Les autres ont quitté le foyer famillial très tôt. Chocolat a quitté la maison à l'âge de 12 ans.

« Psychologiquement, c'est difficile. Un clown, c'est une face à claques, une éternelle victime. Très souvent, les clowns ont des problèmes personnels dans la vie. C'est comme si on voulait qu'ils soient pauvres, misérables, pas nécessairement intelligents. »

Pourtant, Rodrigue Tremblay, dit Chocolat, a étudié le théâtre chez Strehler et deux ans la mise en scène avec Dario Fo avant de participer au *Grand Tour* de 1984. Avant de partir, il m'a remis un livre, *La tragédie de l'homme* de Imre Madach.

« Dans cette histoire de cirque, personne n'est indissociable de personne », m'avait déjà dit Gilles Ste-Croix. Comme il avait raison.

Raconter le cirque, c'est raconter mille histoires qui s'imbriquent les unes dans les autres, c'est raconter une vie qui se mêle à celle des autres à l'intérieur de cette grande famille qui se crée en 1984. L'enthousiasme, l'audace, la confiance n'ont plus de limites et, en quelques années à peine, plus de frontières.

Pour l'instant, Guy Laliberté savoure déjà son plus grand triomphe sur le plan personnel, son plus beau souvenir de l'été :

« Un soir, mes parents sont venus assister à notre spectacle, confie-t-il au journaliste Dan Proudfoot. Ce soir-là, ils ont vu l'ampleur de notre production à l'été 1984. Ils ont vu par le fait même, pendant cette soirée, tout ce que j'avais en tête durant toutes mes années d'errance, de recherches et que je ne pouvais pas leur expliquer. »

L'année 1984 aura été particulièrement active au Québec. En plus des fêtes de Québec 84, qui auront été marquées sur le plan artistique par le retour de Beau Dommage, les spectacles de Céline Dion et le retour de Charlebois, le Québec a reçu la visite du pape et celle de Michael Jackson au Stade olympique. Surprise dans le monde du sport, la Québécoise Sylvie Bernier remporte la médaille d'or en plongeon aux Jeux de Los Angeles le 6 août 1984. Cette athlète incarne une nouvelle génération de héros québécois, sans complexes, très confiante en ses moyens. Non seulement Sylvie Bernier n'hésite pas à défier les meilleures plongeuses du monde et remporte l'or, mais elle ose prendre la cigarette que fumait René Lévesque au cours d'une cérémonie officielle et la rompre devant les caméras, geste audacieux pour lancer une campagne antitabagisme.

1985

En réalité, on ne peut pas parler de volonté de créer un Cirque du Soleil permanent en 1984. Le contrat qui liait le Club des Talons hauts et le gouvernement du Québec spécifiait que le Cirque du Soleil avait été créé pour présenter une série de spectacles dans les grandes villes du Québec et pour décentraliser les fêtes du 450e anniversaire de l'arrivée de Jacques Cartier. Rien de plus. On pourra spéculer sur la stratégie de Guy Laliberté et sur ses véritables intentions mais, à la fin de la tournée, les artistes de l'étranger sont retournés dans leur pays et ceux du Québec considéraient que la fête était finie.

Guy Laliberté ne l'entendait pas ainsi. En 1985, il veut redémarrer le Cirque du Soleil et ne tarde pas à convaincre Gilles Ste-Croix, Daniel Gauthier et les artisans de la première heure qu'il faut se remettre au travail et trouver des fonds. Il reprend son travail de sape auprès des financiers et du ministère de la Culture.

«Quand il a vu que les autorités gouvernementales ne répondaient pas à ses attentes, il les a menacées d'alerter les journaux et de lancer une campagne de dénigrement contre l'ingratitude d'un ministère refusant d'encourager une entreprise, peut-être la seule qui ait obtenu du succès pendant les fêtes de Québec 84», se souvient Gilles Ste-Croix.

Encore une fois, c'est René Lévesque qui intervient, usant de son budget discrétionnaire. En 1985, Laliberté entend franchir les limites du Québec et présenter son spectacle en Ontario. Les répétitions ont lieu au Centre Immaculée-Conception et il demande à Franco Dragone, une connaissance de Guy Caron, de monter ce spectacle en toute hâte. Ils ne disposent que de 15 jours! Caron, cofondateur de l'École nationale de cirque, est nommé directeur artistique du Cirque du Soleil, qui a déjà grandement besoin des artistes formés par l'École nationale de cirque.

Le Cirque du Soleil reprend donc ses activités à Montréal le 14 mai 1985 (jusqu'au 16 juin), puis les poursuit à Sherbrooke, à Ottawa du 21 juin au 1er juillet, à Toronto du 26 juillet au 11 août et à Niagara Falls du 16 août au 2 septembre.

Les principales attractions sont : le maître de cérémonie Michel Barette, les Stagiaires, l'orchestre maison la Fanfafonie, Gilles Ste-Croix qui danse le tango sur des échasses, Chatouille, le groupe Aluna d'Argentine, la

Ratatouille, Denis Lacombe et des acrobates parmi lesquels on trouve Jean Saucier, que nous rencontrerons plus tard. L'une des rares contorsionnistes du Québec en 1985, Angela Laurier, offre un étonnant numéro de main à main habituellement réservé aux hommes. Angela Laurier, qui exécute ce numéro avec Steve Kielbasinski, est une forte personnalité. Artiste et athlète particulièrement douée, elle est rapidement devenue une vedette des débuts du Cirque du Soeil, ce qu'on lui reprochera plus tard.

Gilles Ste-Croix est évidemment bien connu du grand public pour avoir fondé les Échassiers et son numéro de danse est haut... (c'est le cas de le dire) en couleur. La Ratatouille est l'équipe officielle de clowns du cirque. Ces clowns se déguisent tantôt en joueurs de hockey, tantôt en magiciens ou encore en femmes fatales. Le groupe Aluna d'Argentine se livre à des acrobaties en jouant du tambour. Denis Lacombe, qui a été formé par l'École nationale de cirque en 1984, devient rapidement une attraction majeure du Cirque du Soleil. Il en est à ses débuts avec le Cirque du Soleil et il a déjà remporté une médaille de bronze au Festival du cirque de demain à Paris, en 1985.

Le thème de ce spectacle tourne autour de la condition humaine, mais on ne peut pas encore parler d'un fil conducteur et d'une idée maîtresse bien définie. On présente une série de numéros sans liens apparents. La variété de ce spectacle plaît aux foules du Québec. En Ontario, le grand public n'a pas vécu les festivités du 450e anniversaire de l'arrivée de Jacques Cartier et ne connaît pas ce cirque. L'anarchie règne et on a manifestement improvisé la tournée en Ontario. Aucun plan de marketing, aucune publicité sérieuse n'a précédé la venue du Cirque du Soleil et encore moins une étude de marché. De plus, le Cirque du Soleil se banalise en s'annonçant comme étant le Sun Circus. Il s'agit de la seule entrave à son authenticité mais, en 1985, qu'importe, il faut remplir le chapiteau et ce n'est pas souvent le cas. Déception pour le jeune public et les habitués du cirque, qui n'ont pas été informés : le Sun Circus n'a pas d'animaux. On crie à l'imposture et on demande à être remboursé à Toronto et à Niagara Falls. Gilles Ste-Croix, l'échassier-vedette, tente désespérément de réagir :

« En 1985, à Toronto et à Niagara Falls, les gens ne venaient pas. S'il y avait moins de 65 personnes dans la salle, on ne jouait pas, et ça s'est produit à plusieurs reprises. Pour nous secouer et pour attirer l'attention, j'ai imaginé un *stunt*. J'allais bloquer le trafic en marchant avec mes échasses au coin des rues Young et Bloor Street. J'étais habillé en gorille et j'avais choisi de faire mon coup d'éclat à 4 h 30 de l'après-midi, l'heure de la plus grande affluence. Je ne voyais aucune objection à ce qu'on nous mette en prison à cause de la publicité que ça nous aurait donnée. J'aurais bien aimé, mais ça n'a pas été le cas. La télévision et les photographes des journaux étaient sur place et notre défilé a donné lieu à des photos pour le moins spectaculaires. J'avais utilisé mes échasses de 12 pieds et on avait photographié des autos et même une auto-patrouille de la police qui passaient entre mes jambes… d'échassier. À Niagara Falls, il y a un million de spectateurs qui vont voir les chutes, mais personne ne venait nous voir. Le moral était bas parmi les artistes de la troupe. On avait oublié que les visiteurs ne restent pas plus de trois heures en moyenne sur le site des chutes de Niagara Falls. Moi, cette année-là, j'ai accroché mes échasses. J'avais mal au dos et c'était devenu insupportable. On m'a fait un party d'adieu, on braillait et je suis retourné à l'Université Concordia à

Montréal étudier la scénographie. Les Échassiers de Baie-Saint-Paul disparaissaient tranquillement. »

Latourelle

Entre alors en jeu un personnage qui va changer non seulement l'image, mais aussi la structure administrative du Cirque. Normand Latourelle est producteur et agent d'artistes. Il a travaillé au sein du comité organisateur des fêtes du 450ᵉ anniversaire à Québec, où il a connu la troupe de Guy Laliberté. Il gérait la carrière de la chanteuse Diane Tell et celle de Raoul Duguay depuis le début des années 1980. Il a l'âge des membres de la direction du Cirque du Soleil, mais il a l'expertise des grands spectacles présentés à Montréal.

Un jour de mai 1985, il reçoit un appel de Niagara Falls.

« Allô ! Ici Guy Laliberté. Normand, il faut que tu m'aides. Ça va très mal et la gang veut me mettre dehors. Ils sont en train d'organiser un putsch contre moi. J'aimerais que tu viennes pour mettre de l'ordre et sauver la compagnie. »

Latourelle se rend à Niagara Falls et constate les dégâts. On annule un *show* sur deux, la publicité est déficiente et c'est toujours l'anarchie dans l'administration. À l'hôtel où les 13 membres de la direction sont installés, on rencontre Latourelle pour exposer les problèmes du Cirque du Soleil.

Des témoins confirment qu'à cette époque les réunions du conseil d'administration étaient allumées par la consommation de petits joints de cannabis bien roulés qui allégeaient les séances. Assis par terre ou vautré dans les fauteuils, on discutait de l'ordre du jour. Normand Latourelle n'y comprend rien. Une jeune fille qui assiste à la réunion lui joue dans les cheveux pendant qu'il tente d'évaluer la situation du Cirque. Latourelle demande à réfléchir en quittant cette bande de hippies.

Il serait peut-être temps d'admettre aujourd'hui, alors que la consommation de cannabis a été finalement décriminalisée, que l'usage du pot a fait partie de la culture d'une nouvelle génération. Aucun spectacle d'envergure n'a été présenté, que ce soit au Forum de Montréal, au Stade olympique ou sur toute autre scène de rock, sans l'influence du pot. Comme partout à cette époque, la drogue était présente au sein du Cirque du Soleil.

Aucune maison d'enseignement, aucune association de jeunesse, mis à part le mouvement scout et des sociétés de bienfaisance, n'ont été à l'abri de la *drug culture*. La troupe du Cirque du Soleil non plus.

L'acrobate Jean Saucier, qui a fait partie de la troupe jusqu'à la fin de la saison 1986, en témoigne :

« La drogue déferlait à ce moment-là au Cirque du Soleil, se souvient-il. Moi, je prenais plein de hasch et les techniciens de la cocaïne. On vivait souvent sous tension et ce n'était pas facile pendant les voyages. Il y avait parfois de l'impatience, des conflits, parce qu'on vivait trop tassés dans les hôtels et on avait besoin de se détendre et de s'apaiser. Mais jamais on ne prenait de pot avant d'aller en piste, pour des raisons de sécurité évidente. Les techniciens, qui devaient lutter constamment contre la pression en montant et démontant le chapiteau en un temps record, prenaient de la coke pour performer. À l'époque, j'étais payé 20,25 $ par *show*, 12 *shows* par semaine, et je n'aurais pas eu les moyens de me payer autre chose que du pot. Je sais que les choses ont changé depuis et que le Cirque du Soleil offre le meilleur encadrement de tous les cirques du monde. »

Le phénomène de la drogue fait partie de l'histoire du Cirque du Soleil comme elle fait partie de celle de la société. Tous me l'ont confirmé.

J'ai entendu bien des anecdotes à ce sujet, racontées toujours sous le couvert de l'anonymat évidemment. La machine qui encadre la nouvelle génération d'artistes du Cirque du Soleil de façon presque excessive ne permettrait pas aujourd'hui de tels... écarts de conduite.

Et puis, j'ai pensé au Cirque du Monde, dont on parlera plus tard et qui implique le Cirque du Soleil. L'effort que déploie ce cirque pour combattre la délinquance et les méfaits de la drogue sur les jeunes enfants dans le monde mérite qu'on lui pardonne ses erreurs de jeunesse.

À la fin de la deuxième saison du Cirque du Soleil, Guy Laliberté en arrive à une conclusion pour le moins dramatique : « Il n'y a plus rien à faire. On va fermer ! Je ne vois pas d'autres moyens de nous en sortir. »

C'est la déprime au sein de la troupe. Le chiffre d'affaires est de 1,2 million et le déficit tourne autour de 750 000 $.

« Attends ! Je vais t'aider », rétorque Latourelle. Même s'il est soutenu financièrement par la Caisse populaire des travailleurs de Québec, qui a déjà prêté 250 000 $ (précisé dans le programme), le Cirque du Soleil ne peut plus payer ses fournisseurs.

Latourelle propose alors de rencontrer tous les fournisseurs du Cirque pour leur demander de patienter.

C'était l'Année internationale de la jeunesse et il connaissait bien les gens du bureau de René Lévesque. Il savait également que Lévesque avait un parti pris pour le

Cirque du Soleil. Lévesque a alors demandé à la SOGIC (ancêtre de la SODEC) de soutenir le Cirque du Soleil avec un prêt de 250 000 $. Le Cirque du Soleil veut un demi-million. On le lui accorde, à condition que ce montant soit endossé personnellement pour une valeur de 25 000 $ par 7 personnes.

Latourelle considère alors qu'il a terminé son travail et retourne à ses affaires.

« Il m'a dit que de travailler dans une commune ça ne l'intéressait pas ! » confie un de ses collaborateurs.

Les sept personnes qui garantissent le prêt accordé au Cirque du Soleil à la fin de l'année 1985 sont : Guy Laliberté, Daniel Gauthier, Richard Bouthillier, Hélène Dufresne, Jean David et deux personnes non identifiées... N'oublions pas qu'il s'agit toujours d'une entreprise à but non lucratif. On ne peut donc pas parler ici d'actionnaires.

À l'automne de 1985, le Cirque du Soleil revient à Montréal pour compléter la saison, du 8 au 22 septembre. Le spectacle sera capté pour la télévision. Au total, 167 représentations auront été données, attirant 137 020 spectateurs, mais on a accumulé un déficit de 750 000 $ (500 000 $ selon les chiffres de Steve Zalac, directeur en marketing au Cirque du Soleil). C'est une année sombre sur le plan financier pour les administrateurs du Cirque du Soleil, qui, pendant un certain temps, jonglent avec l'idée de déclarer faillite.

L'heure de vérité

La rentabilité à tout prix

L'année 1986 sera celle de la consolidation et de la recon-naissance hors Québec pour le Cirque du Soleil. Après avoir frôlé la faillite en 1985, les dirigeants respirent plus aisément maintenant qu'ils ont réglé leurs problèmes finan-ciers grâce au prêt accordé par la SODIC. Ils prévoient même avoir accueilli 200 000 spectateurs au terme de la troisième année de l'histoire du Cirque du Soleil. Le Cirque du Soleil occupe maintenant en permanence un édifice que lui a cédé la Ville de Montréal pour la somme symbolique d'un dollar. Il s'agit d'une ancienne caserne de pompiers rénovée. Elle deviendra le siège social du Cirque. L'ancienne caserne 7, située rue Notre-Dame près de Berri, permettra de regrouper les bureaux administratifs et les ateliers de cou-ture, de menuiserie, de décors et la salle de répétition. On songe également à installer l'École nationale de cirque dans le Vieux-Port de Montréal, à la gare Dalhousie. Le rayonne-ment international de l'École est tel qu'il faut songer à un plus grand espace pour recevoir les nombreux étudiants. La Ville de Montréal, par le biais de sa Société immobilière du patrimoine architectural, a déjà octroyé un million de dollars à la réfection de l'extérieur de la gare et la Fondation des locaux du cirque a reçu une subvention du ministère des

Affaires culturelles pour élaborer un concept d'occupation. En somme, ce n'est plus qu'une question de temps avant que l'École Nationale de cirque, dirigée par Guy Caron, quitte ses locaux du Centre Immaculée-Conception.

C'est sous un chapiteau pouvant abriter 1 500 spectateurs qu'on amorce cette troisième année en participant au Vancouver Children Festival du 20 au 27 avril et à l'inauguration du pavillon canadien à l'Exposition internationale de Vancouver. Le Cirque du Soleil séjourne à l'Exposition du 1er au 11 mai et mêle ses spectacles à ceux du pianiste et compositeur André Gagnon et de la percussionniste Marie-Josée Simard, qui représentent le Québec. Déjà on fait salle comble et les critiques sont dithyrambiques.

Le spectacle, intitulé *La magie continue* et signé Franco Dragone, regroupe 32 artistes, majoritairement du Québec, mais aussi de la France, du Cambodge, de la Pologne, du Mexique et de la Hollande.

De plus, le Cirque du Soleil accueille avec une fierté non dissimulée trois acrobates de la République populaire de Chine, récipiendaires du Clown d'argent au Festival de cirque de Monte Carlo en 1984. Guy Caron, directeur artistique du Cirque du Soleil, a réussi à retenir les services de ces artistes. Il a déjà visité la Chine et son cirque l'a toujours impressionné.

Le nouveau spectacle est beaucoup plus achevé. La mise en scène de Dragone est beaucoup plus travaillée, serrée, harmonieuse. Il a bénéficié de temps et de l'appui constant de Guy Caron, avec qui il s'entend à merveille. Celui-ci lui permet de s'exprimer, mais corrige parfois un numéro, s'en explique à Dragone et on finit invariablement par s'entendre.

Sur le plan musical, la traditionnelle fanfare de cirque avec prédominance des cuivres a été remplacée par la musique originale de René Dupéré, qui s'est entouré pour ce faire de quatre musiciens et d'une dizaine d'ordinateurs. En 1986, le son du Cirque du Soleil n'est plus le même. La musique accompagne désormais chacun des numéros et s'intègre au mouvement de l'artiste en piste. C'est déjà toute une révolution dans un monde habitué aux airs vieillots qui n'ont pas changé depuis des décennies.

Une chorégraphe s'impose

À l'entracte de l'une des représentations de *La magie continue* au Vancouver Children Festival, une jeune femme fébrile réussit à tromper la vigilance des gardiens de sécurité et à se faufiler jusqu'à la loge des artistes. Elle aborde le clown Michel Dallaire et lui dit sans détour : «J'ai appris que vous cherchiez une chorégraphe. Après ce que je viens de voir, je crois être la personne que vous cherchez. J'aimerais travailler avec vous!»

Dallaire ne sait trop quoi répondre. La jeune fille lui semble particulièrement déterminée. Il écoute son interlocutrice qui lui décrit son cheminement dans le monde de la danse et de la gymnastique. Finalement, il lui promet d'informer le directeur artistique, Guy Caron, de sa démarche.

Au moment où Dallaire raconte sa rencontre avec Debrah Brown à Guy Caron, André Simard intervient. Il connaît la jeune femme de réputation et devient son plus ardent défenseur. Et il y a matière à défendre.

Native de Brandfort en Ontario, la jeune Debrah étudie la danse et fait partie d'une équipe de gymnastes alors qu'elle n'a pas encore 10 ans. Elle étudie ensuite tous les types de danses, mais conserve tout de même un intérêt pour la gymnastique. Elle obtient une maîtrise en danse à l'Université York et elle se rend à Vancouver, où elle anime le Flicka Gymnastic Club. Elle entraîne aussi la gymnaste Lori Fun, championne de gymnastique rythmique des Jeux olympiques de 1984.

Le Cirque du Soleil a trouvé sa chorégraphe. Elle travaillera à son nouveau spectacle. Si Franco Dragone a inventé le métier de metteur en scène du cirque, Debrah Brown a inventé celui de la chorégraphie du cirque. En somme, tous les éléments sont réunis pour justifier le titre du prochain spectacle, qui sera présenté en 1987 : *Le cirque réinventé.*

André Simard va lui aussi s'intégrer au nouveau spectacle. À certains égards, il s'apparente à Debrah Brown par sa multidisciplinarité.

Déjà, en 1986, le Cirque du Soleil s'approche des athlètes d'élite qui formeront le noyau de la troupe d'artistes. Il était naturel que cette grande aventure commence dans la salle de gymnastique du Centre Immaculée-Conception.

« Des prouesses olympiques dans un monde sans compétition », dira Guy Laliberté. D'autres gymnastes québécois viendront s'ajouter à l'équipe, dont Philippe Chartrand.

Revenons à *La magie continue* et au nouvel optimisme qui règne au sein de la troupe du Cirque du Soleil.

Michel Barette est chef de piste pour une deuxième année et il a pour mission d'établir le contact avec le public. Acrobate, mime, comédien, metteur en scène spécialisé dans les spectacles d'animation, Barette déborde d'énergie. Il assure le lien entre les numéros, improvise parfois selon les réactions de la foule et fait preuve d'autorité sur piste, particulièrement avec les clowns.

Les Français Agathe et Antoine, qui ont remporté la médaille d'argent au Festival mondial du cirque de demain à Paris en 1983, présentent un numéro sur fil de fer qui avait été fort apprécié en 1985.

Denis Lacombe, qui a lui aussi été médaillé au Festival mondial du cirque de demain en 1984 à Paris, reprend son numéro de chef d'orchestre chaussé de bottines de ski. La popularité de Lacombe est incontestable et son numéro est devenu un classique. Le Cirque Apple de New York l'invitera à participer à une série de spectacles durant l'année 1986. Déjà le clown québécois est tenté par une carrière solo aux États-Unis.

La trapéziste québécoise Lorraine Desmarais, les clowns Chocolat et Ben La Barouette font également partie de la programmation, ainsi que Guy Laliberté. Le cofondateur et président du Cirque du Soleil reprend du service en tant que cracheur de feu et s'en explique aux journalistes qui l'entourent.

Laliberté tout feu tout flamme

«Cette année, je reviens sur scène pour deux raisons. La première, c'est pour satisfaire un besoin artistique très personnel, évidemment. La deuxième, c'est pour revenir à la base. Je veux prendre le temps de me retremper là-dedans parce que la progression de l'entreprise est tellement grande que les gens qui font le spectacle ne suivent plus les administrateurs.»

Laliberté est l'un des meilleurs cracheurs de feu au pays en 1986. Il ne participera cependant qu'à 35 % des représentations du Cirque du Soleil pour des raisons de nocivité. Cracher du feu est un art qui peut s'avérer dangereux pour ceux qui le pratiquent.

« Les cracheurs de feu, explique Laliberté, comme les cirques, sont une race en voie d'extinction. Si tu vas sur la place Beaubourg à Paris, tu vas en voir quelques-uns qui ont la face brûlée. C'est affreux. J'ai appris à cracher le feu à Hawaï avec des gens vivant traditionnellement avec cet élément, des gens qui ont un contact presque sensuel avec le feu. Je suis tellement rationnel que les seuls moments où je me permets une certaine transe, c'est lorsque je fais mon numéro. Réussir à bien cracher le feu implique une technique de respiration de premier ordre. Tu ne peux pas te lever le matin et t'improviser cracheur de feu. Ça prend un entraînement et une formation solides. Habituellement, je dis que je fais mon numéro avec du lait parce que je n'ai pas envie que quelqu'un essaie et se fasse du mal. Moi, je mets des produits pour protéger les pores de ma peau, je me prépare mentalement et je me masse. Quand je suis en piste, je suis en complète méditation et, en même temps, très alerte quant aux éléments extérieurs. Il faut une confiance inébranlable en soi et en ses moyens. »

Non seulement Guy Laliberté crache des flammes sur scène, mais il brille également de tous ses feux devant les représentants des médias ainsi qu'en compagnie des dirigeants de toutes les sociétés dont il cherche la commandite. En 1986, Laliberté se livre à une opération de charme alors qu'il fait appel à l'entreprise privée pour soutenir financièrement l'étonnante progression de son cirque. Il réagit également aux compressions budgétaires qui s'annoncent dans le milieu culturel :

« Avec les réductions de budget dans la culture, on s'en va vers un problème majeur, explique Laliberté. En soi, ces compressions peuvent correspondre à une logique, mais il n'existe pas d'autres politiques pour y faire face. C'est clair que, durant les prochaines années, les répercussions de ces compressions seront mortelles pour environ 35 % des entreprises culturelles. Or, le gouvernement nous demande de nous tourner vers le privé, mais ne nous en donne pas les moyens. Nous, on propose de regrouper les services des entreprises culturelles pour mieux gérer chacun des groupes. À long terme, il faut aussi changer les politiques fiscales afin que les groupes puissent aller directement chercher leur financement dans le privé et chez les individus comme cela se fait aux États-Unis », dit-il en proposant aux industries du Québec de participer à l'épanouissement du Cirque du Soleil.

Laliberté propose un programme de commandites novateur appelé le Club de consolidation, qui consiste à acheter un banc à vie pour les représentations du Cirque du Soleil, moyennant la somme de 5 000 $. Le nom du généreux donateur sera inscrit en permanence sur le dossier d'un banc du Cirque du Soleil. La Confédération des Caisses populaires Desjardins, le Groupe La Laurentienne, Les aliments Hostess et Air Canada ont déjà réservé leur siège. D'autres commandites sont aussi disponibles, la plus importante étant de 100 000 $. Les Eaux Justin, Air Canada, Meagher, Hostess, Atlas Copco, Pepsi et Télé-Métropole se sont constitués commanditaires. On propose finalement une mise en vente pour 25 000 $ de 6 des 40 spectacles que le Cirque du Soleil présentera à Montréal. Cela signifie qu'une entreprise peut acheter une soirée de spectacle et inviter ses employés ou exiger un prix d'entrée pour soutenir une bonne cause. Laliberté incite d'autres entreprises à participer davantage et à fournir de plus gros montants. De nombreuses entreprises et de nombreux individus participent à ce soutien collectif, à croire que Laliberté est le meilleur vendeur du Cirque du Soleil.

Cet intérêt soudain manifesté par le monde des affaires à l'endroit du jeune cirque québécois et de son représentant Guy Laliberté s'explique également par les succès aux guichets.

Dès le début de l'année, le Cirque a joué 11 fois devant des salles combles à Vancouver et l'engouement s'est poursuivi durant toute la saison. Alors qu'on avait prévu, dans le meilleur des mondes, 200 000 spectateurs pendant la troisième année, ce sont plus de 250 000 supporters que le Cirque aura accueillis au total. En prime, le Cirque affichera plus que fièrement un surplus de 671 000 $ à la fin de l'année. Pour les gens d'affaires qui savent compter, cela fait 113 000 personnes de plus que la saison précédente et 220 000 de plus qu'à la saison initiale de 1984. Laliberté parle déjà d'une expansion aux États-Unis. Une offre avait d'ailleurs été faite, mais finalement le Cirque du Soleil ne s'est pas rendu à Rhodes Island, pour de vagues raisons techniques. Il n'est pas encore prêt, mais ce n'est que partie remise.

Ce succès pour le moins rapide s'explique par plusieurs raisons. Hélène Dufresne, directrice de tournée qui participe à la production, raconte avec la ferveur de ses 26 ans la nouvelle démarche du Cirque du Soleil :

«Le déficit de l'an passé (750 000 $) ne nous a pas effrayés, de dire Hélène avec le sourire et la superbe d'une femme d'affaires avertie. Nous avons connu, la première année, un très bon succès au Québec et nous avons atteint le seuil de rentabilité en visant une fréquentation de 60 %. Là où nous nous sommes trompés, c'est sur l'accueil qu'on nous réservait en Ontario, où nous avons obtenu un grand succès d'estime, d'excellentes critiques, mais un taux de fréquentation inférieur à nos prévisions. Nous avons donc révisé notre approche par la suite, sans jamais nous décourager, et nous avons entrepris une année de consolidation en travaillant de façon moins exploratoire et en cherchant des contrats garantis. À Sherbrooke, à Longueuil, à Québec ou ailleurs, des municipalités, des festivals, des organismes nous appuient. Notre succès, de toute façon, est de plus en plus assuré et nous ne prenons plus de risques ou à peu près pas...» «Quand il y en a, on cherche des collaborations fermes, tient à préciser l'attachée de presse Lise Huneault. Ainsi à Vancouver, en obtenant deux contrats solides, l'un avec le Vancouver Children Festival et l'autre avec le Pavillon du Canada, nous avons fait une entrée élégante, prestigieuse sur la scène internationale en jouant pendant 10 jours à 100 % d'occupation et en offrant des modules d'animation publique, ce que nous n'avions jamais fait auparavant. En ce qui concerne Toronto, on a complètement réorienté notre stratégie en engageant sur place des experts qui sentent le pouls de la population. Qu'est-ce que ça pense, un Anglais? Pourquoi n'a-t-on pas obtenu le succès escompté l'an dernier? C'est alors qu'on a appris que les Torontois sont raffinés, *trendy* et que le français est dans l'air, à la mode. On misera là-dessus. C'est une de nos spécificités. Enfin, il faut briser le mythe du cirque à l'américaine avec ses trois pistes et ses animaux. On vise 40 % au lieu de 60 % et déjà, sur 27 représentations, 8 sont remplies à 100 %. Nous sommes définitivement plus en confiance de ce côté. »

La philosopie du cirque

Cette même année, le Cirque du Soleil a également consolidé son style et sa philosophie. Laliberté s'explique avec enthousiasme sur le sujet :

« Le spectacle du Cirque du Soleil est unique, novateur. Il s'agit de disciplines olympiques sans compétition. On véhicule la bonne forme, la santé, le conditionnement physique, l'attention à son corps avec une implication théâtrale, ce qui fait notre originalité. On a observé des cirques européens, américains et orientaux. Ensuite, on a sélectionné les meilleurs numéros de ces derniers, et comme on ne possède pas de tradition de cirque, on a pu faire ce qu'on voulait, dans la mesure de nos capacités, sans choquer qui que ce soit. On fait actuellement notre histoire du cirque et c'est très stimulant. On jette les bases et on donne une identification très personnalisée à notre cirque. En Europe, comme partout ailleurs, le cirque se meurt, prisonnier de ses traditions. Nous, on vit en 1986 et on fait un spectacle de 1986. Notre première différence, c'est la théâtralité. Les autres cirques ne font qu'enchaîner numéros après numéros. La deuxième, ce sont les effets spéciaux, lumière, éclairages. On a une approche de spectacle, on donne du soutien aux numéros. Ce ne sont pas seulement huit spots blancs qui éclairent la piste. Troisièmement, on a décidé de ne pas avoir d'animaux parce qu'on préfère créer des emplois plutôt que de nourrir un éléphant pour le même prix. On en aura peut-être un jour. Certains numéros d'animaux sont en accord avec l'esprit du Cirque du Soleil. Quatrième chose, on a mis de côté la musique traditionnelle du cirque pour faire valoir la musique originale de René Dupéré. »

Guy Laliberté complète ces informations par des révélations étonnantes :

« À 30 ans, je ne serai probablement plus avec le Cirque du Soleil. J'aimerais prendre deux années sabbatiques pour faire le tour du monde en voilier. C'est un rêve que je caresse depuis très longtemps. Ensuite, pour réaliser mon deuxième rêve d'enfant, il faudra attendre la chance. Je voudrais rencontrer des extraterrestres! »

L'envers de la médaille

Pendant l'année 1986, Daniel Gauthier appelle à son tour Normand Latourelle :

« Ça ne regarde pas bien, Normand. Guy [Laliberté] est sur le go. Le dérapage total je te dis. Il se comporte comme un délinquant et je te lance un appel au secours. Il faut que tu reviennes au Cirque. »

Le Cirque du Soleil traîne toujours une dette. Les ventes vont bien et le Cirque connaît du succès, mais on tarde à rembourser l'emprunt de 750 000 $. Gauthier informe Latourelle que Guy Laliberté s'est acheté une Fuego flambant neuve et qu'il mène la grande vie.

Les choses se compliquent quand on apprend sa disparition. On saura plus tard qu'il est hospitalisé, souffrant d'une méningite. Personne n'a réellement su ce qui s'était produit. À son retour, Laliberté semble en excellente condition physique et ne parle pas de son absence. Pendant ce temps, Latourelle a travaillé étroitement avec Guy Caron et décidé de se consacrer à temps plein au Cirque du Soleil. Directeur général adjoint, il gère scrupuleusement les affaires du Cirque et occupe une place prépondérante dans l'administration de l'entreprise. La dette l'inquiète.

Les surplus de l'année servent à payer les frais du spectacle et à redémarrer le chapiteau, sans que la dette soit acquittée.

Pendant que Gauthier et Latourelle s'interrogent sur la santé économique du Cirque, le président voyage et mène la grande vie. Un proche du Cirque me confiera : « Laliberté a tous les vices, même celui de réussir. »

Et celui de sauver les apparences puisque tout semble parfait au Cirque du Soleil en 1986. Qui dirige le Cirque du Soleil ? Daniel Gauthier ? Guy Laliberté ? Guy Caron ? Normand Latourelle ?

Le comptable autodidacte Daniel Gauthier est discret et ne cherche pas à s'imposer en dehors de son champ d'activité. Laliberté est la bougie d'allumage, l'éclaireur du Cirque qui montre le chemin, mais son absence prolongée, sa délinquance et une certaine désinvolture compliquent les choses. Caron dirige les artistes avec compétence, mais il n'entretient manifestement aucune ambition administrative. Il est resté un clown, un grand clown de la tradition européenne. Il est d'abord et avant tout un homme libre.

En fait, le jeu de pouvoir s'installe tranquillement, alors que Normand Latourelle prend de plus en plus de place avec sa gestion serrée. Tout le monde admire sa discipline et son sens de l'organisation, mais il n'est pas issu de la culture des amuseurs de rue. Il ne parle pas le langage du cirque, il parle la langue des affaires.

Le cirque, c'est sérieux

C'est aussi la fin d'une époque pour les amuseurs publics. Le Cirque du Soleil a récupéré une bonne partie d'entre eux et les autres se regroupent, fondent des troupes, incorporent leur entreprise et demandent des subventions. À Montréal, le bar *underground* La grande passe est devenu le Zoo Bar puis les Foufounes électriques et François Gourd, ancien leader du Parti Rhinocéros, est l'un des animateurs. Les rêves utopiques, les grands projets arrosés de bière, les fêtes et les spectacles improvisés ont fait place à une autre réalité. Le Cirque du Soleil et l'École nationale de cirque ont inspiré une nouvelle génération d'artistes. Le Cirque a maintenant pignon sur rue, cherche de nouveaux artistes et l'École, dont la réputation a franchi rapidement les frontières, propose un encadrement idéal pour se développer et pour gagner fort honorablement sa vie. Le Cirque devient une entreprise de plus en plus sérieuse et offre une belle occasion de faire carrière.

Guy Caron a maintenu l'autonomie de l'École nationale de cirque. Il a tenu tête à Guy Laliberté afin que l'École qu'il dirige depuis ses débuts ne devienne pas la pépinière d'artistes du Cirque du Soleil. Il a vu à ce que les jeunes puissent terminer leurs études avant d'être engagés ici ou d'ailleurs.

Hélène Dufresne, directrice de production du Cirque du Soleil, exprime fort bien les conditions de vie d'une nouvelle génération d'artistes de cirque :

«Guy Caron se promène dans le monde entier pour recruter de nouveaux élèves. Notre alliance avec l'École nous permet de préparer une relève. C'est drôle, les gens sont bourrés de préjugés et ils ont des clichés plein la tête. On nous demande souvent : Où dormez-vous? Vivez-vous comme des saltimbanques? Pas du tout! Il y a bien quelques roulottes, mais nos artistes vont à l'hôtel comme tous les artistes de tournée. Et puis, nous engageons des techniciens et des personnes chargées de l'entretien. Nos artistes ont des conditions de travail décentes, une sécurité d'emploi. Ils sont issus pour la plupart d'écoles. Ce ne sont pas des enfants de la balle. En Europe, d'ailleurs, il y a un véritable conflit de génération qui se creuse entre la tradition du cirque et la nouvelle approche. Ce n'est pas notre problème après trois ans d'existence. »

Les cirques dans le monde

À cette époque, le Cirque du Soleil n'est pas le plus grand cirque du monde. Bien avant de lancer ce nouveau cirque québécois sur la scène internationale, Laliberté ainsi que Caron et Ste-Croix ont éprouvé le besoin de visiter les grands maîtres du cirque sur tous les continents et d'intégrer certaines pratiques qui pouvaient convenir à l'esprit du Cirque du Soleil tout en protégeant la spécificité et la culture québécoises.

On peut parler d'une influence orientale en matière acrobatique, européenne en matière scénique et américaine sur le plan organisationnel. En évitant les trois pistes traditionnelles des cirques américains, le Cirque du Soleil se rapproche du cirque européen. En ne présentant pas d'animaux, il s'approche du cirque asiatique. Avec sa musique originale, sa théâtralité et la finesse de son humour, il est unique, déjà en 1986.

Dans quel courant de pensée se situe le Cirque du Soleil? En 1986, le monde du cirque vit un renouveau commencé dans les années 1970. Une nouvelle génération d'artistes et d'entrepreneurs cherche à renouveler le cirque traditionnel, à remplacer la *business* du cirque par l'art du cirque. Les entreprises de Barnum and Bailey et des frères Ringling n'ont jamais passionné Guy Laliberté, Guy Caron et Gilles Ste-Croix. À l'origine, le cirque américain présentait des monstres de foire. P.T. Barnum a fait fortune avec Tom Pouce, la femme à barbe et la plus grande femme du monde, Ella Ewing, qu'on a voulu marier au géant de 2,5 m Édouard Beaupré. On y a aussi exhibé des hommes forts dont Louis Cyr.

C'était un cirque d'une autre époque qui n'avait pas tellement évolué. On a remplacé les monstres de foire par des animaux exotiques, dont les éléphants, les tigres, les lions, les chevaux et les singes savants qui ont amusé parents et enfants.

En Europe, le cirque a évolué bien autrement. Le cirque est une entreprise familiale traditionnelle. Dans bien des cas, on hérite de l'entreprise et on poursuit l'œuvre du père ou de l'oncle. Le cirque s'est raffiné et a obtenu ses lettres de noblesse en France, en Allemagne, en Suisse, en Italie et en Angleterre, où il est né, mais toujours à l'intérieur d'une éthique familiale.

Il existe plus de 200 cirques en France seulement et une centaine d'écoles de cirque que l'État appuie financièrement. C'est dire l'importance qu'il occupe dans la culture de ce pays et en Europe en général. C'est dire aussi l'expertise dont bénéficie ce pays ainsi que l'intérêt manifesté et l'énergie déployée à faire vivre le cirque d'hier ou de demain.

Par exemple, le Cirque Gruss existe depuis 1854 et est une affaire de famille. De Charles Gruss jusqu'à Alexis fils, le théâtre équestre a prolongé sa tradition, est devenu le Cirque national Alexis Gruss en 1982 et présente son spectacle sous un chapiteau de 3 000 places.

Les recruteurs du Cirque du Soleil ont vu le cirque de Gruss, mais ont préféré le Cirque Plume. Bernard Kudlak, avant de fonder ce cirque en 1980 à Besançon, a participé lui aussi à des fêtes foraines. Dans le spectacle qu'il présente à cette époque, *No animo mas anima*, le chien est remplacé par l'homme. «C'était une manière de remettre l'homme parmi les animaux», affirme Kudlak.

En plus du Cirque Plume, les cirques Archaos, Arts Sauts, Cirque baroque et Tribu Iota s'inscrivent à l'avant-garde et inspirent Laliberté et son équipe.

En Allemagne, le Cirque du Soleil s'intéresse au Roncalli, un cirque traditionnel mais sans animaux. Fondé en 1975 par Bernhard Paul et André Heller, le Roncalli connaîtra beaucoup de déchirements internes et d'échecs avant de renaître en 1980 sous l'unique direction de Bernhard Paul. Paul n'en est pas seulement le directeur, il fait partie du spectacle en interprétant l'auguste Zippo avec Fumagalli et Francesco.

En Suisse, les gens du Cirque du Soleil font la connaissance de la famille Knie. Le Cirque Knie a donné plus de 28 000 représentations et accueilli 55 millions de spectateurs depuis sa fondation en 1919. Chaque année depuis, plus d'un million de Suisses viennent applaudir ses artistes. La famille Knie fraye avec les gens de la jet-set internationale et se comporte comme une famille aristocratique. L'un des membres de cette famille fréquente d'ailleurs la princesse Stéphanie de Monaco.

Guy Laliberté n'est pas insensible aux succès et au prestige de ce cirque suisse. Il s'associera d'ailleurs à lui lors d'une longue tournée en Suisse.

Plus à l'est, le Cirque du Soleil s'intéresse vivement au Cirque de la Mongolie. C'est de là que viendront de jeunes et merveilleux acrobates qui s'intégreront progressivement au Cirque du Soleil.

Plus près du Québec, c'est le Big Apple Circus de New York qui fascine et inquiète à la fois le Cirque du Soleil. Le Big Apple se distingue nettement du cirque traditionnel américain. Après avoir travaillé pendant une saison en 1976 avec la troupe d'Annie Fratellini au Nouveau Cirque de

Paris en tant qu'artistes de cirque, Paul Binder et Michael Christensen ont fondé le Big Apple Circus l'année suivante. Ils ont imposé une piste unique et ont obtenu un succès instantané en présentant un spectacle pour toute la famille. Le Big Apple Circus a également créé la Clown Care Unit, une entreprise pour le moins originale qui utilise des clowns pour des traitements thérapeutiques dans les hôpitaux.

Notons finalement que le Big Apple Circus sera le plus grand compétiteur du Cirque du Soleil et fera tout pour freiner l'essor du cirque québécois sur son territoire, plus précisément à New York. En vain.

Bien sûr, le Festival de Monte Carlo et le Festival du cirque de demain, qui a lieu à Paris, intéressent la direction du Cirque du Soleil.

Les États-Unis

L'année s'achève avec un surplus de 671 000 $ pour le Cirque du Soleil, qui a présenté 206 spectacles à Vancouver, Sherbrooke, Montréal, Québec, Saint-Sauveur, Longueuil, Ottawa et Toronto. La dette est finalement remboursée et l'administration est définitivement plus rigoureuse grâce à la gestion tranquille mais efficace de Normand Latourelle. Latourelle, tout comme Daniel Gauthier, préfère travailler dans l'ombre.

Guy Laliberté, de son côté, est devenu un chef d'entreprise qui songe d'abord à la rentabilité et à l'expansion de son cirque. Il explique aux journalistes :

« Un cirque n'est pas rentable s'il limite ses activités au territoire du Canada. Pour être rentables, nous devons fonctionner neuf mois par année et la température au Canada ne nous permet pas de présenter des spectacles pendant plus de six mois. Alors, il faut aller vers le sud et le sud, c'est les États-Unis. »

Laliberté attend la bonne occasion.

D'ici là, il doit préparer un nouveau spectacle et en confie encore une fois la mise en scène à Franco Dragone.

Franco Dragone

Dragone est venu pour la première fois au Québec en septembre 1982 et il est tombé amoureux de Montréal, qu'il a rapidement appris à connaître. Il a été conquis par l'effervescence du théâtre québécois, par la mobilisation de la jeunesse de ce pays à bâtir et par la beauté de la ville qu'il observe du sommet du mont Royal. Dans son remarquable portrait de Dragone, intitulé *Franco Dragone une improbable odyssée*, Yves Vasseur raconte que c'est dans les toilettes d'un bistro montréalais qu'il découvre une annonce publicitaire présentant l'École de cirque Immaculée-Conception de Guy Caron.

Dragone entre rapidement en contact avec Caron, qu'il a déjà rencontré en Belgique. Celui-ci lui propose de donner une conférence sur le masque et la *commedia dell'arte*, mais Dragone préfère mettre sur pied un atelier auquel s'inscrivent bientôt une quinzaine de stagiaires. Il multipliera les allers-retours entre le Québec et la Belgique alors qu'il signe la mise en scène des spectacles de fin d'année des étudiants de l'École de cirque à Montréal en 1983 et 1984.

C'est à Montréal que Dragone découvre sa vocation de metteur en scène. C'est à Montréal qu'il prend définitivement son envol en alliant son expérience de théâtre de rue au théâtre du cirque. Il est devenu l'un des rares metteurs en scène à diriger des comédiens amateurs, à transformer l'homme de la rue, l'athlète olympique en artiste et à en retirer le maximum.

Gilles Ste-Croix décrit de belle façon l'homme :

« Dragone fouille dans chacun pour trouver un levier théâtral. Il te crée un personnage qui est le tien. C'est sa force. En 1985, lors de sa première mise en scène avec le Cirque du Soleil, c'étaient des gens de la rue qui étaient sous le chapiteau. »

Dragone n'a cure des intellectuels et des publics condescendants. Il a sa propre vision du théâtre, une vision qui se marie naturellement avec le monde du cirque. À la fin de l'année 1986, en Belgique, il est toujours salarié de la Compagnie du Campus et signe des mises en scène pour la Compagnie des mutants et Le Cirque du trottoir. Il revient cependant l'année suivante et entreprend une troisième mise en scène. Il cherche d'abord des collaborateurs et entend bien former une équipe.

Il travaille avec Michel Crête, à qui il demande de dessiner les costumes du spectacle. Crête, comme bien d'autres collaborateurs, a hésité. L'entreprise avait alors la réputation d'être brouillonne et quelque peu anarchique. Pourtant, Crête remarque que le Cirque du Soleil se structure peu à peu. Entre Dragone et Crête, la complicité s'installe. Celui-ci présente des monceaux d'esquisses à Dragone et à la direction. Ce sont souvent des gribouillages et des dessins incompréhensibles, mais les choses avancent.

Confiant, Dragone laisse les gens de la direction du Cirque assister aux répétitions générales du spectacle.

« Je suis honteux de voir ça ! » lance Guy Laliberté, qui se comporte déjà en général d'armée passant en revue ses troupes.

Yves Vasseur relate la réaction de Dragone :

« C'était un spectacle superbe, la synthèse de toutes les explorations que j'avais pu mener jusqu'alors, avec les costumes de Michel Crête, les lumières, une dose de *commedia dell'arte*. C'était un spectacle à concept intégré où les numéros se trouvaient déstructurés et non plus enfilés bout à bout. Tout concourait à un succès et voilà que la direction, qui manquait d'audace, nous mettait des bâtons dans les roues. Pourtant, c'est avec ce spectacle que le Cirque du Soleil éblouira les Américains et se fera connaître dans le monde entier. »

Le pari de Los Angeles

Une nouvelle mésentente marque le début de l'année 1987.

Normand Latourelle quitte encore une fois le Cirque du Soleil à la suite d'un conflit avec Guy Laliberté.

Quelques mois plus tard, Daniel Gauthier lui demande de revenir. Il prétend que Laliberté manque de discipline et qu'il faut régler certains problèmes. Latourelle accepte à la condition d'être nommé directeur général et vice-président exécutif, ce qui lui sera accordé.

En mai, le Cirque du Soleil entreprend sa tournée avec son nouveau spectacle, *Le cirque réinventé*, à Sherbrooke. On installe, par la suite, le chapiteau de 1 500 places à Montréal, à Québec et à Longueuil. Et puis, c'est le grand coup que Guy Laliberté et son entourage tentent le 3 septembre en présentant un premier spectacle aux États-Unis.

Laliberté expliquera quelques années plus tard aux journalistes pourquoi il était résolu à exporter son produit aux États-Unis :

«Nous n'avions pas le choix. Nous savions que nous étions condamnés si nous ne quittions pas le pays pour prolonger notre tournée. Nous avions eu d'autres approches pour nous produire aux États-Unis, mais nous n'étions pas prêts. Il fallait attendre la bonne occasion et cette fois, nous l'avions.»

Le pari est de taille. Le Cirque du Soleil doit présenter son spectacle au Los Angeles Times Theatre Festival du 3 au 26 septembre. Il s'agit d'une vertigineuse gageure puisque, tel un parieur, Guy Laliberté mise tout l'avoir du Cirque non pas sur une série de spectacles mais sur un seul, celui de l'ouverture du Festival. C'est pendant cette soirée qu'on saura si le Cirque du Soleil survivra.

«Nous n'avions plus d'argent et nous risquions le tout pour le tout, se souvient Laliberté. Si nous avions subi un échec à Los Angeles, nous n'aurions pas été en mesure de payer l'essence de nos camions pour revenir à la maison. Nous vivions une énorme tension.»

À l'origine de cette histoire rocambolesque, Laliberté s'était rendu à Los Angeles, dans le cadre de son travail de repérage, assister à une conférence de Robert Fitzpatrick, directeur du Los Angeles Times Theatre Festival. Invité à une représentation du Cirque du Soleil, il y avait envoyé un assistant, qui était revenu enchanté du spectacle. Fitzpatrick s'est par la suite rendu à Toronto, y voir le même spectacle. À son retour, il avait fait une offre à Laliberté.

Dans les bureaux de la direction du Cirque du Soleil, on émet des réserves. L'entente était catastrophique. À l'opposé des règles établies, les organisateurs ne payaient que le terrain pour présenter le spectacle et non les frais de transport. En fait, le Cirque devait prendre tous les risques. L'état-major décide qu'il faut tout de même y aller. À vrai dire, Laliberté réussit à persuader tout son monde.

La direction du Cirque ne dispose que de très peu de liquidités, soit moins de 200 000 $.

« Les gens qui dirigent le Cirque du Soleil ont le mérite d'avoir le tempérament de *gamblers*, mais d'intelligents *gamblers*», raconte René Dupéré.

Le risque est en effet fort bien calculé. Fitzpartrick avait été renversé par l'originalité et la théâtralité déployées par la troupe québécoise. Il croyait que le Cirque du Soleil pouvait surprendre les festivaliers et avait insisté pour présenter ce nouveau spectacle à la soirée d'ouverture.

Flanqué de Daniel Gauthier et de Normand Latourelle, Laliberté propose à Fitzpatrick de miser sur l'impact médiatique du Cirque du Soleil. Conscient que son cirque ne ressemble à aucun autre aux États-Unis, il presse le directeur du Festival d'inviter les célébrités de l'heure aux États-Unis.

« C'est tout ce qu'on vous demande, plaide Laliberté. Nous, on s'occupe du reste. »

En réalité, c'est Normand Latourelle qui s'occupe du reste.

Contrairement à la légende, le lourd matériel est acheminé par trains et non par camions. Ces derniers sont trop usés pour se rendre jusqu'en Californie.

Sur les lieux, l'équipe constate qu'aucune publicité n'annonce le spectacle du Cirque du Soleil. Normand Latourelle, qui a déjà orchestré la campagne de promotion de plusieurs artistes au Québec, explique à son entourage qu'il faudra corriger rapidement la situation. Il obtient pleins pouvoirs pour mener une campagne publicitaire. À cette époque, Michael Jackson lance son album *Bad* et le Cirque décide d'adopter une stratégie médiatique en tous points semblable à celle du chanteur. Rien de moins. On a loué des avions tirant des banderoles dans le ciel pour annoncer le spectacle du Cirque du Soleil. Latourelle s'est rendu au *Los Angeles Times* pour obtenir des pleines pages de publicité et même un rabais en racontant que le Cirque du Soleil était un organisme de charité.

Finalement, il engage la même agence de relations publiques que Michael Jackson, Solters-Roskin et Friedman, qui a également pour clients Barbra Streisand, Pee Wee Herman et bien d'autres célébrités. Au total, la campagne publicitaire aura coûté 250 000 $.

C'était un montant énorme pour une entreprise à bout de ressources financières, mais Latourelle savait que c'était le prix à payer.

Une première magique

Le soir du 3 septembre, le grand chapiteau est dressé fièrement au cœur du quartier de Little Tokyo à l'ombre des gratte-ciel du centre-ville. Le Cirque du Soleil n'a encore vendu que 3 000 billets et il s'agit d'un engagement de 30 jours. C'est peu. La tension est palpable dans les coulisses. On sait fort bien qu'à Los Angeles ou à Broadway le succès doit être immédiat, sinon on ferme vite boutique.

La soirée de la première est magique. De celles dont on se rappelle toute une vie. De celles qui changent un destin. Les journalistes américains apprécient ce mélange de poésie et de *commedia dell'arte*. Le public se laisse prendre au jeu du clown Benny Le Grand, du chef de piste Michel Barrette, qui s'adresse à l'auditoire tantôt en anglais, tantôt en français. On adore le numéro du chef d'orchestre conçu et interprété par ce merveilleux clown qu'est devenu Denis Lacombe. Que d'exotisme ! Que d'originalité ! Le spectacle est un triomphe. On se lève dans les gradins pour applaudir à tout rompre les artistes. On reconnaît dans cette foule les artistes les plus populaires de l'heure : Sylvester Stalone, Michael Jackson, Elton John, Madonna, pour ne nommer que les plus remarqués.

Le lendemain, après la publication des journaux, les artistes, artisans, techniciens sont ébahis de voir devant les guichets une file qui se prolonge jusqu'au troisième pâté de maisons. Les préposés aux ventes de billets sont débordés et réclament de l'aide. C'est presque la panique. Une douce panique. À l'origine, il en coûtait 19 $ pour acheter un billet pour assister au spectacle le plus couru en ville. Bientôt, les revendeurs en demanderont 120 $ et trouveront facilement preneurs. Le Cirque du Soleil a gagné son pari.

Jane Fonda assistera à sept représentations du *Cirque réinventé*. Johnny Carson, totalement emballé, invite les vedettes du spectacle à son talk-show. Le Cirque du Soleil devient le « *talk of the town* », le sujet de conversation des cocktails branchés. Il ne sera jamais plus le même.

Le maître de piste du spectacle, Michel Barette, se souvient de cette euphorie :

« C'est arrivé comme par hasard. On croyait au spectacle puisqu'on l'avait rodé pendant trois ans, mais on ne se doutait pas de l'impact. Nous étions inconscients, je crois. Moi, je n'avais pas lu les journaux le lendemain de la première, mais en arrivant sur le site du Cirque je vois les animateurs de l'émission *Entertainement Tonight* qui me plantent les micros sous le nez. Et puis, une deuxième entrevue et une troisième. J'étais l'un des seuls à parler anglais et on me sollicitait de partout. Par la suite, on venait nous chercher en limousine à la fin du *show* et nous étions invités dans tous les partys de LA. C'était extraordinaire ! Nous qui avions jusque-là vécu sans trop de luxe, voilà que nous étions propulsés du jour au lendemain dans le monde des stars. Les jeunes artistes de la troupe, surtout, étaient étourdis par la gloire soudaine. J'étais l'un des plus vieux du groupe, je dépassais la trentaine et je me méfiais des promesses qu'on leur faisait. L'un voulait faire de la chanson, l'autre du cinéma et on se croyait arrivé. Denis Lacombe, surtout, était parti pour la gloire. C'est à ce moment-là qu'il a rencontré une Américaine qui croyait qu'il était riche et célèbre. Lacombe voulait faire du cinéma à titre de comique de l'écran. Il a marié l'Américaine et il s'est installé à Los Angeles. Lacombe, c'est un homme sensible, fragile avec les femmes qui a été totalement aveuglé par son nouvel amour. Il n'avait pas prévu qu'un certain Jim Carey allait prendre la place qu'il convoitait tant au plan sentimental que personnel. Et évidemment, il a divorcé par la suite. Ce fut une belle période et notre séjour nous laissait entrevoir beaucoup d'espoir. Nous avions accepté une diminution de salaire quand les choses allaient mal un an plus tôt et nous attendions un geste de la direction. Le retour de l'ascenseur. Une question de temps, pensions-nous. »

Une question de temps effectivement et, d'ici là, on ne pense qu'à célébrer et à profiter de la gloire nouvelle. On pensera à l'argent plus tard.

Le Cirque du Soleil donnera 36 représentations à Los Angeles, puis gagnera San Diego et Santa Monica. Partout, c'est le triomphe et les critiques américaines sont intarissables. Une véritable lune de miel entre le Cirque du Soleil et les médias américains. Le *USA Today* puis le *New York Times* s'ajouteront à la liste des admirateurs.

Les raisons d'un succès

Comment expliquer le succès instantané du Cirque du Soleil sur la côte ouest des États-Unis ? Un succès qui se répandra bientôt sur tout le territoire américain. On peut invoquer la chance dans une certaine mesure. On peut invoquer également un concours de circonstances. Mais les raisons sont multiples et celle qui, au départ, semble la plus importante, c'est l'approche stratégique.

Le Cirque du Soleil n'a pas fait une entrée discrète aux États-Unis. Il l'a faite au milieu des plus grandes célébrités de l'heure et dans un univers théâtral. Quelques années plus tôt, c'est le Théâtre du Soleil qui avait ouvert le Festival de théâtre de Los Angeles. La troupe d'Ariane Mouchkine avait fasciné le public élitiste de Los Angeles et de la Californie. Le Cirque du Soleil a lui aussi rejoint l'avant-garde du milieu artistique avant d'entreprendre sa tournée américaine. Sa théâtralité lui a dès lors permis de se démarquer de tous les cirques traditionnels qui pullulent aux États-Unis.

Ce cirque a également surpris les Américains, qui découvraient subitement le dynamisme et la modernité d'une culture française en Amérique qu'ils ne connaissent pas pour la plupart. Le Cirque du Soleil n'a pas cherché à changer son style ou à traduire sa raison sociale ou le titre de son spectacle. Il a misé sur sa spécificité québécoise française et a ainsi séduit les Américains, qui pour la plupart ont toujours confondu arts raffinés et France.

« Nous sommes canadiens-français, explique Gilles Ste-Croix à des journalistes américains, et le fait d'être un petit peuple de six millions d'habitants entouré d'une mer de 250 millions de personnes de culture différente nous amène à vivre dans un contexte particulier. Nous devons lutter pour parler français et protéger notre culture. Nous ne devons rien à personne et nous n'acceptons pas qu'on nous impose quoi que ce soit.»

Et Ste-Croix poursuit en parlant de l'individualisme, de la non-conformité et de l'audace des Canadiens français, qui se considèrent maintenant québécois d'abord et avant tout.

«Notre audace est une caractéristique du peuple québécois», ajoute Ste-Croix. Franco Dragone associe l'audace à la rage et «à une lutte personnelle contre l'indifférence». Le Cirque du Soleil invite tous les membres de sa troupe à oser, à créer, à déranger. Certains estiment que l'audace et la témérité de cette entreprise proviennent de sa jeunesse et sûrement d'une certaine inconscience qui permet de tout entreprendre et de tout défier. Il en fallait une bonne part pour prétendre réinventer le cirque et se mesurer à des siècles de tradition. Et tout indique que le David du cirque va pouvoir rivaliser avec tous les Goliath de ce monde.

Cirque sans animaux

Finalement, le Cirque du Soleil a séduit une bonne partie de la population américaine parce qu'il n'a pas d'animaux. En 1987, on dénonce déjà la chasse à tous les animaux, dont la chasse aux phoques. Le peuple américain, qui a si souvent humanisé les animaux au cinéma et à la télévision, ne peut rester insensible aux tortures et aux mauvaises conditions de vie infligées aux animaux de cirque. Spécialement en Californie, royaume de Lassie, Rin Tin Tin, Yogi, sans oublier les dessins animés qui font parler les Mickey Mouse, Donald Duck, Goofy et combien d'autres.

On a longtemps caché les trucs utilisés par les dompteurs pour inciter ces pauvres bêtes à performer en spectacle. En France, le rapport de Dominique Forette, intitulé
*Les arts de la piste : une activité fragile entre tradition et inno-
vation*[1] et présenté au Conseil économique et social, constate des faits accablants :

« La plupart des animaux de cirque sont nés en capti-
vité mais, fauves ou animaux domestiques, ils ne sont pas
faits pour supporter un dressage réellement contre nature.
Les tours sont inculqués par la violence et non par l'amour
comme les dompteurs voudraient habilement le faire
croire.

« Un ours qui danse, sautillant d'une patte à l'autre ? Il
a fallu le mettre sur une plaque brûlante pour qu'il tente
d'échapper à la chaleur en soulevant les pattes. Un cheval
couché qui redresse la tête pour embrasser son maître ? On
l'a d'abord ficelé au sol et piqué avec un aiguillon. En
cherchant à s'échapper, il a relevé la tête au moment où le
dompteur se penche, ce qui donne l'illusion d'un baiser.
Une fois le tour appris, il n'y a plus besoin de cordes ni d'aiguillon, l'animal conditionné exécute le numéro sous les
applaudissements d'un public ému.

« Si les éléphants obéissent, c'est sous la menace des
gaffes métalliques avec crochets et pointes plantées sous les
oreilles, là où la peau est mince – douleur garantie – et où le
sang ne se voit pas. Et si leur patte reste en l'air, c'est qu'ils
ont appris avec de gros clous, la plante des pieds des pachy-
dermes étant tout à fait sensible.

---

1. Forette, Dominique. *Les arts de la piste : une activité fragile entre
tradition et innovation*, Paris, Journal officiel, 1998, 90 p.

« Dompter un animal c'est le briser, le forcer à se soumettre et à faire ce qu'il ne veut pas. Il est impossible d'y arriver sans violence... L'exiguïté de la cage accroît la misère des animaux : ils disposent de 10 fois moins de place que dans un zoo. La cage, c'est aussi l'ennui : une étude anglaise montre que les fauves y passent 75 % à 99 % de leur temps. »

À ses débuts, le Cirque du Soleil ne présentait pas d'animaux, mais sans pour autant militer contre l'utilisation des animaux dans les cirques populaires. Guy Laliberté n'a jamais épousé cette cause et a même laissé entrevoir la possibilité d'accueillir des singes, des chevaux ou des éléphants dans son cirque : « Il n'y a pas d'animaux pour l'instant mais on ignore ce que nous réserve l'avenir. Certains numéros avec des animaux pourraient s'intégrer à l'esprit de notre cirque. »

À vrai dire, il n'en fut jamais question par la suite. Rapidement l'image du Cirque du Soleil a été associée au cirque sans animaux. Ce mouvement s'est répandu à travers le monde, non sans raisons. N'est-ce pas le grand savant Einstein qui disait : « On peut juger une société par la façon dont elle traite ses animaux » ?

Au Canada, le mouvement Réseau Action Globale est particulièrement vigilant en ce qui concerne les mauvais traitements subis par les animaux de cirque et les chiffres qu'il soumet sont accablants :

« Les animaux se révoltent et se vengent sur le public et les travailleurs du cirque. Durant la dernière décennie, 220 personnes ont été ainsi blessées ou tuées par des animaux exotiques maltraités », informe le Réseau Action Globale qui appuie toutes ses allégations sur des documents et témoignages.

Les autorités canadiennes et américaines ont porté au moins huit accusations de négligence et abus contre le cirque américain Tarzan Zerbini, un des plus célèbres abuseurs d'animaux. Pas moins de 15 personnes ont été blessées par leurs animaux exotiques. L'éléphant Tyke, maltraité par son soigneur, a tué son entraîneur et s'est enfui dans les rues de Honolulu avant d'être abattu par des policiers. C'est ce même Cirque Tarzan Zerbini qui est engagé par le Cirque Shriners durant l'été au Canada.

Le cirque comporte des dangers. Il en est de même dans le monde du sport, mais les risques ont été librement consentis par des êtres humains. Ce n'est pas le cas pour les animaux qu'on emprisonne. Le cirque n'est pas un art pour eux, c'est une servitude entretenue par des promoteurs cupides.

La crise

En 1987, la moyenne d'âge des membres de la troupe du Cirque du Soleil est de 27 ans environ et ces jeunes artistes, techniciens et entrepreneurs vivent l'ivresse du succès en Californie. On ne compte plus les heures de travail ni le nombre de représentations. Il faut profiter du succès qui passe et des salles combles à Santa Monica, San Diego, San Francisco et bientôt New York.

« L'argent s'est mis à entrer et on ne pouvait plus s'arrêter », se souvient Gilles Ste-Croix, qui a remisé ses échasses mais qui accepte des projets spéciaux du Cirque. Au total, on aura tourné 300 jours aux États-Unis. Le Cirque du Soleil est passé d'une situation d'extrême pauvreté à l'extrême richesse en moins de 18 mois.

Le succès dépasse les espérances de la direction. Grisé par le succès, Guy Laliberté songe à conquérir le monde entier, étape par étape. Célibataire, homme de la fête et du plaisir, on le voit faire monter un groupe de filles dans sa chambre d'hôtel en tournée. Il étrenne, ce soir-là, la nouvelle carte or qu'une banque vient de lui faire parvenir.

Un des membres du Cirque raconte :

« Alors qu'on travaillait comme des fous pendant cette tournée américaine, on voyait Guy Laliberté se promenant dans une toute nouvelle voiture Porsche avec, à ses côtés, une plantureuse *Miss* d'un État américain dont je ne me souviens plus du nom. C'était frustrant pour nous autres. »

Michel Barette explique :

« Disons que Guy [Laliberté] n'est pas toujours très subtil. S'il avait été discret, je crois que ça aurait évité bien des problèmes ou des frustrations. Étant l'un des plus vieux artistes du groupe et ayant déjà négocié des contrats dans le passé, je représentais les artistes et je m'attendais à un geste du triumvirat composé par Laliberté, Latourelle et Gauthier. Les artistes avaient travaillé fort pour arriver à ce succès éclatant. On aurait aimé en profiter financièrement et ça n'a pas été le cas. Les artistes demandaient des droits d'auteur pour des numéros qu'ils avaient composés et jamais ça n'a été accepté. À cette époque, on a déjà présenté 7 spectacles en 54 heures. On l'avait accepté et on voulait essayer ça... On ne l'a plus jamais refait. De plus, les artistes ne voulaient pas aller au Japon reprendre le spectacle *Le cirque réinventé*, qu'ils avaient joué 300 fois. »

La longue tournée, les heures de répétition, les blessures provoquent des tensions. La fatigue, la frustration gagnent les artistes. Bon nombre songent à démissionner.

Le départ de Franco Dragone

En avril 1987, Franco Dragone quitte le Cirque du Soleil.

Même s'il assiste à l'étourdissant succès du spectacle qu'il a mis en scène, il n'a pas pour autant oublié que Guy Laliberté avait jugé ce spectacle « honteux » quand il l'avait vu pour la première fois et que la direction n'avait cessé de lui mettre des bâtons dans les roues. Écœuré par les dérapages et les exigences de la production, il part, fier de son travail et incapable de concessions. Dragone est un créateur, c'est-à-dire un être vulnérable souvent blessé qui défend chèrement son territoire.

« Quand j'ai appris que ceux qui revendiquaient le plus le succès de la tournée étaient ceux qui avaient le plus freiné la production, j'ai su que j'avais bien fait de quitter », dira-t-il à ses proches.

Décidément, un malaise se dessine dans le royaume du Cirque du Soleil. À peu près à la même époque, Guy Caron quitte à son tour le poste de directeur artistique. On lui a offert la direction du Centre national des arts du cirque à Chalon-sur-Marne en France et il accepte une offre fort alléchante puisqu'il touchera plus de 100 000 $ et poursuivra son travail à la direction de l'École nationale de cirque à Montréal. Il cumulera les deux fonctions de 1988 à 1990, travaillant en alternance deux semaines à chaque endroit. Il quittera la direction de l'École nationale en 1991 pour signer des mises en scène en Europe et aux États-Unis. Il ira jusqu'à monter le spectacle anniversaire du Big Apple Circus, le plus grand compétiteur du Cirque du Soleil.

« Moi, un boulot, ça ne m'intéresse pas. C'est la création que j'aime », confiera-t-il à la journaliste Suzanne Colpron.

Peu après un spectacle du Cirque du Soleil à Calgary, le 27 février 1988, Guy Laliberté annonce que Gilles Ste-Croix est le nouveau directeur artistique du cirque qu'il a fondé.

« Et moi je ne le savais même pas. Il ne m'avait même pas prévenu », confie le principal intéressé avec le sourire.

Le vieil ami de Laliberté, celui qu'on surnommait « le grand-père du Cirque du Soleil », a tout un défi à relever : gérer la crise qui secoue les fondements mêmes de l'entreprise. Les artistes se plaignent des conditions de travail étouffantes imposées par la direction et certains menacent même de quitter le Cirque.

En mai 1988, le Cirque du Soleil s'est installé à New York. Le succès de la côte ouest n'a pas suffi à Guy Laliberté : « Il ne faut pas se limiter à l'ouest des États-Unis. Pour conquérir ce pays, il faut aller vers l'est, dans la grande ville de New York. »

Les artistes sont étourdis, puis épuisés par ces conquêtes d'ouest en est et s'en ouvrent devant certains journalistes. Le vase déborde lorsqu'ils apprennent que Laliberté songe à une tournée au Japon. Angela Laurier, 26 ans, contorsionniste et l'une des vedettes du spectacle, explique la situation :

« Ma seule motivation pour partir en tournée, c'est faire de l'argent, dit-elle à ma consœur Suzanne Colpron, parce que j'en ai un peu marre du spectacle. On l'a joué plus de 300 fois cette année aux États-Unis, de 9 à 11 spectacles par semaine et parfois 3 fois par jour. C'est épuisant, d'autant plus que les clowns et les acrobates doivent consacrer plusieurs heures à l'entraînement. On ne comprend pas toujours le succès du Cirque du Soleil et nous sommes toujours étonnés de la réaction du public, poursuit Angela

Laurier, mais on ne peut pas dire qu'on profite de notre succès. En tournée, on n'a même pas le temps d'apprécier les villes que nous visitons. Nous sommes toujours entre deux *shows*. On ne peut pas prendre un verre, ni trop manger, ni rentrer trop tard. Il faut garder notre énergie pour le spectacle. C'est vrai qu'on travaille fort et on a toujours travaillé fort, encore plus que les artistes des autres cirques, qui, eux, vont en piste, font leur numéro et sortent 15 minutes plus tard. Au Cirque du Soleil, les artistes sont là du début à la fin du spectacle. Ce n'est pas le travail qui nous fait peur. C'est la routine qui est difficile à prendre. Les gens ont envie de faire autre chose... Et puis, ça me fait rire quand j'entends les *boss* parler de la grande famille du Cirque. On les connaît à peine. C'est très rare qu'ils nous adressent la parole. »

Angela a participé aux tournées du Cirque du Soleil en 1984 et 1985 et conserve de beaux souvenirs de l'époque où les artistes donnaient leur maximum, vivaient leur folie à Toronto, Québec, Niagara Falls, quand ils n'avaient rien à perdre.

« Maintenant, tout le monde est plus individualiste. Le Cirque n'est plus ce qu'il était. La discipline occupe une plus grande place. C'est normal, le Cirque du Soleil est plus performant qu'à ses débuts. Ça me fait peur cependant. À force de grossir, il risque de perdre ce qui fait sa force, son originalité. »

New York

C'est sur le bord de l'Hudson River, entre la statue de la Liberté et le World Trade Center, dans le quartier des affaires, à Battery Park, que le Cirque du Soleil a planté sa tente. Guy Laliberté tenait à présenter son cirque à New York, la ville des magnats de toutes les industries et qui ne souffre d'aucun complexe. Il lui fallait un succès à New York avant de conquérir le reste du monde. Il entraînait avec lui des soldats fatigués.

Laliberté a fourbi ses armes. Il a injecté un demi-million de dollars en publicité, dont 75 000 $ avaient été consacrés à l'achat de 2 pleines pages de pub dans le prestigieux *New York Times*. Des affiches ont été placardées dans les rues et un immense panneau-réclame a été installé à proximité du chapiteau. Une conférence de presse à l'intention des médias américains a été organisée. Ils y sont tous, depuis les agences de presse UPI, Associated Press, Dailey News jusqu'au Fox Chanel 5 News. Déjà Mick Jagger, le trompettiste de jazz Chuck Mangione, le producteur Francis Coppola appellent pour réserver des billets.

New York ne se laissera pas supplanter par Los Angeles en matière de découvertes dans le monde culturel et, au lendemain de la première le 25 mai, c'est le triomphe. « De l'art sous la grande tente », écrit-on dans le *New York Times*. « Seulement des performances humaines, pas d'animaux », souligne le *Daily News* avec enthousiasme. Il en sera ainsi pendant tout le séjour à New York.

La journaliste Nathalie Petrowski est sur place et tourne *Un cirque en Amérique*, un film produit par l'ONF. Elle délaisse pendant son séjour la plume pour réaliser un vieux rêve : faire son cinéma. Le film relate le succès obtenu par le Cirque à New York et nous fait part des états d'âme des principaux intervenants du Cirque du Soleil, dont Guy Laliberté, qui parle de la survie du Cirque qui passe par les États-Unis. Michel Barette parle de sa carrière de comédien, Denis Lacombe de sa blonde américaine et des États-Unis qu'il découvre et Angela Laurier reprend ses doléances vis-à-vis du Cirque.

« Je m'éloigne de mes valeurs, dit-elle devant la caméra. Ici, on est mal dans notre peau à cause du stress. Au départ, c'était de l'exploration au Cirque. Maintenant, c'est de la routine. »

On ne renouvellera pas le contrat d'Angela Laurier, dont les propos ont souverainement déplu à Guy Laliberté. Celui-ci retient cependant qu'il faudra améliorer les communications entre la direction et les artistes.

Le départ d'Angela Laurier marque la fin d'une époque. La famille est remplacée par une PME qui se livre à une compétition de haut niveau. Le succès américain est enivrant, mais dangereux. Pour rester en piste, le cirque québécois devra sans cesse se surpasser et viser le sommet.

Par contre, nulle entreprise ne peut progresser sans compter sur l'appui d'employés motivés. Gilles Ste-Croix, qui a assisté au départ de Franco Dragone, de Guy Caron et d'une douzaine d'artistes, entend bien créer un nouveau climat dans la troupe.

« Face à une menace de démission en bloc, j'ai décidé qu'il valait mieux laisser partir ceux qui le désiraient et tout recommencer à zéro. D'abord, il me semblait impossible de continuer de travailler à ce rythme avec 27 artistes en scène. J'ai donc décidé de porter ce nombre à 35 artistes, qui seront désormais logés seuls afin d'avoir plus d'intimité. J'ai augmenté leur salaire de 25 % et on ne jouera jamais plus de 9 spectacles par semaine. De plus, les artistes ne seront plus payés à la semaine, mais à cachet pour chacun des spectacles. Cela varie entre 90 $ et 115 $ US du spectacle. La crise s'est produite, selon moi, quand Normand Latourelle était en poste. Il était vice-président et actionnaire du Cirque et il estimait qu'il fallait payer les artistes le moins cher possible. »

Dans ce qui semble être une lutte sans merci pour le pouvoir, il est difficile de déterminer qui a raison et qui a tort. Chacun livre sa lecture des faits et il est bien évident que Gilles Ste-Croix entretient encore une certaine animosité à l'égard de Normand Latourelle. Appuyant Guy Laliberté comme le ferait un père avec son fils, Ste-Croix semble oublier que Latourelle a toujours soutenu le Cirque du Soleil, même à ses débuts. Il oublie également de mentionner que Latourelle a créé le réseau Admission au Cirque du Soleil, nouveauté qui s'est avérée fort rentable pour le Cirque. Il s'agit d'une initiative qu'il faut situer dans le temps et qui vaut bien quelques explications.

Admission

Normand Latourelle et Daniel Gauthier ont développé le réseau Admission au Cirque du Soleil après s'être inspirés de Microflex, propriété de Jean-François Brousseau de Québec. Ce dernier avait conçu le logiciel. Dès le départ, le Cirque du Soleil installe des postes de vente chez Provigo, son principal commanditaire. Comme le hasard fait parfois bien les choses, Provigo est également le commanditaire des Expos de Montréal. Les résultats étant fort appréciés par l'équipe sportive, le Canadien de Montréal puis la Place des Arts réclament les services du réseau Admission, toujours propriété du Cirque du Soleil. C'est ainsi qu'on regroupera jusqu'à 125 clients importants au Québec. Tout comme le réseau américain Ticketmaster, Admission n'exigeait aucun pourcentage des producteurs, contrairement à Ticketron à Montréal, qui réclamait d'eux une participation financière.

Admission et Microflex récolteront des bénéfices annuels de 15 millions de dollars avant de vendre l'entreprise au géant américain Ticketmaster dans les années 2000.

Latourelle avait par la suite obtenu, à son retour au Cirque, non pas le tiers des parts du Cirque, comme on le laissait croire, mais le tiers du pouvoir dans la gestion du Cirque du Soleil, les deux autres tiers appartenant à Guy Laliberté et Daniel Gauthier. Le Cirque du Soleil est une organisation à but non lucratif. Elle ne possède donc pas d'actionnaires, mais des gestionnaires qui sont responsables de l'administration de l'entreprise. Le Cirque du Soleil est l'entité centrale et au moins cinq compagnies ont été créées autour de lui. Il s'agit d'abord de Méandres, qui veille au développement des spectacles. Télémagik, elle, est chargée de la production audiovisuelle des spectacles. Le Cirque du Soleil US, quant à elle, gère tous les spectacles présentés aux États-Unis. Tous Azimuts est une autre compagnie du Cirque ainsi que le réseau Admission. Sans doute d'autres compagnies ont-elles été formées par la suite. Jean Laliberté, frère de Guy, dirige la compagnie Tous Azimuts et administre les produits dérivés. Au début, il avait lancé sa propre entreprise et vendait du maïs soufflé dans un kiosque près du chapiteau. Il semble que son entreprise rapportait autant, sinon davantage, que le Cirque et on l'a rapidement récupérée dans le giron du Cirque.

Gilles Ste-Croix, qui est toujours le plus loyal et le plus fidèle des amis de Guy Laliberté, raconte les événements qui ont mis fin à la crise du Cirque du Soleil. Il parle d'un putsch organisé par Latourelle pour prendre la place de Guy Laliberté et la direction du Cirque du Soleil :

« J'avais une lettre de Latourelle que je devais remettre à Guy Laliberté. Je pensais que cette lettre sentait la merde.

Nous étions en Scandinavie et j'ai su que Latourelle offrait à Laliberté d'acheter ses parts et de prendre le contrôle du Cirque. Cela signifiait que Daniel Gauthier était d'accord et s'était rangé de son côté. Latourelle connaissait intimement la secrétaire de Laliberté et savait très bien ce qui se passait au bureau de celui-ci. Quand Laliberté a appris ça, le vase a débordé et il a proposé à Normand Latourelle un *buy-out* [règlement financier pour mettre un terme à une association d'affaires]. »

Une bataille de coqs

D'autres témoins donnent une version plus élaborée des événements.

Guy Laliberté avait entrepris, en 1987, parallèlement au Cirque, de monter un spectacle aux États-Unis avec des producteurs américains. Ce spectacle nommé *Éclipse* avait déjà englouti trois quarts de million de dollars et les gestionnaires Gauthier et Latourelle étaient outrés. Il fallait faire cesser l'hémorragie et Normand Latourelle est chargé de couper les fonds et de mettre fin au projet. L'affrontement entre Latourelle et Laliberté est inévitable.

Rencontre au sommet, alors qu'une conclusion s'impose. L'un des deux doit partir. Latourelle, s'adressant à Daniel Gauthier, s'en remet à celui-ci :

— C'est toi qui décides, Daniel, dit-il en regardant Gauthier dans les yeux.

Le verdict tombe :

— C'est Guy qui s'en va, tranche Gauthier.

Le sort en est jeté et techniquement Normand Latourelle est président du Cirque du Soleil, en compagnie de Daniel Gauthier, un titre qu'il a conservé 24 heures, en l'absence, précisons-le, de Guy Laliberté, constamment en voyage à cette époque.

Latourelle fait parvenir une lettre à Guy Laliberté dans laquelle il l'informe qu'il lui coupe les fonds pour son projet *Éclipse* et qu'il faut nommer un directeur artistique du Cirque après le départ de Guy Caron. Précisons que Laliberté a occupé par intérim le poste de directeur artistique depuis ce temps.

Le lendemain du fameux verdict de Daniel Gauthier, la direction du Cirque du Soleil se réunit à nouveau. L'atmosphère est tendue et un malaise règne dans la petite salle de réunion.

— J'ai repensé à tout ça et quelque chose me chicote, dit Gauthier à Latourelle. Si Guy part, nous allons avoir de la compétition avec Las Vegas. Tu sais qu'il a déjà commencé à développer des projets là-bas et c'est lui qui mène le dossier. C'est à lui qu'ils vont faire confiance. Je pense que...

— Je pense que ce serait mieux que je parte, coupe Latourelle. T'as raison !

Latourelle cède très vite. En aucun cas il ne s'accroche. Est-il soulagé ? Il est père de deux enfants et il vient tout juste de se séparer de son épouse. L'un des enfants est mésadapté socioaffectif, souffrant des nombreuses absences de son père. De plus, Normand Latourelle est amoureux de la secrétaire de Guy Laliberté, Nancy Vanasse. Des témoins affirment que celui-ci a été mis au courant de la situation. La relation a duré trois mois pendant que Latourelle était à l'emploi du Cirque et s'est prolongée pendant cinq ans par la suite.

Selon nos informations, Latourelle n'a pas reçu un million en *buy-out*, contrairement à ce qu'on a laissé croire, mais 75 000 $, et on lui a racheté ses parts du réseau Admission au prix de 200 000 $. Il vit toujours dans un duplex à Montréal et conduit une auto usagée. Rien ne laisse croire qu'il soit devenu subitement millionnaire. Quelques années plus tard, il sera nommé directeur général des festivités du 350ᵉ anniversaire de la ville de Montréal. Curieuse coïncidence, Guy Laliberté fera partie du conseil d'administration.

C'est ainsi que s'est terminée cette crise, surtout provoquée par le succès et l'argent. Finalement, après avoir accepté une diminution de salaire dans les jours plus difficiles, les artistes et les créateurs auraient souhaité être récompensés financièrement. On aurait apprécié plus qu'une augmentation de salaire tout de même assez minime de 25 % (assez minime considérant une réduction acceptée de 10 % à 15 %, un an auparavant). Certains prétendent que les créateurs auraient pour leur part mérité de partager les profits en devenant actionnaires des entreprises attachées au Cirque du Soleil. Cette manne qui tombe subitement du ciel ne sera finalement administrée que par Guy Laliberté, qui voit les choses autrement.

Le cirque réinventé a attiré 796 937 spectateurs de mai 1987 à novembre 1988. Un record! La lune de miel du Cirque du Soleil avec le public américain se poursuit. De l'ouest à l'est des États-Unis, le Cirque a ratissé large, emportant avec lui les acclamations des publics de San Francisco, Santa Monica où il est retourné à deux reprises, San Diego, Washington et New York. Le Cirque du Soleil s'implante au pays de l'oncle Sam et d'aucuns estiment que c'est pendant cette période qu'il est devenu un cirque états-unien. Bien sûr il a adopté certaines pratiques américaines, dont une mise en marché agressive et flamboyante misant sur la jeunesse et la nouveauté, mais le cirque québécois ne perdra jamais son indépendance et son identité. C'est d'abord le public américain qui l'a adopté. Le Cirque du Soleil séduit, s'adapte à ce marché particulièrement lucratif, mais n'a déjà plus de frontières et rêve de couvrir la planète. Guy Laliberté, son président bien en poste, est euphorique.

La fin du vedettariat

L'année suivante, le Cirque du Soleil reprend la route des États-Unis avec *Le cirque réinventé* remodelé. Après une année particulièrement agitée, ponctuée par des démissions et de nombreuses remises en question, l'équipe a besoin de souffler un peu et fait preuve d'une prudence qui ne lui est pas coutumière. *Le cirque réinventé* a été édulcoré pour s'adapter au marché américain.

On a récupéré bon nombre d'artistes durant la crise et on a réglé une bonne partie du problème. Gilles Ste-Croix a tout repris à zéro et travaille maintenant avec des artistes qui acceptent les règles du jeu. Finies la famille, les vieilles habitudes et les amitiés développées au début du Cirque, on doit maintenant performer à l'intérieur d'une entreprise commerciale et compétitive. Désormais, les artistes du Cirque seront dépersonnalisés. Il n'y aura plus d'attractions spéciales, de vedettes, de numéros annoncés. La vedette, ce sera le... Cirque du Soleil, le spectacle dans son entité. Les personnages sont désormais masqués. C'est voulu ainsi et c'est Gilles Ste-Croix lui-même qui fabrique les masques. Durant cette période, ce dernier propose à Michel Barette, représentant des artistes, de signer la prochaine mise en scène du spectacle. Ste-Croix participera à son élaboration.

Le chef de piste du Cirque du Soleil, comédien de formation, entreprend avec enthousiasme la création d'un tout nouveau spectacle. Gilles Ste-Croix le soutient dans son entreprise et semble aimer ce qu'il voit durant les répétitions, mais les choses se gâtent quand Guy Laliberté intervient et demande des changements radicaux dans la mise en scène.

« Il voulait reprendre des éléments des anciens spectacles. Gilles Ste-Croix était là, devant nous, et il n'a rien fait pour défendre ma mise en scène initiale », précise Barette, qui n'a d'autre choix que d'obtempérer.

Finalement, le spectacle final comporte un tiers d'anciens numéros et deux tiers de nouveautés. La première a lieu à Miami le 13 avril 1989. Pour la première fois, le Cirque du Soleil ne procède pas à la création d'un nouveau spectacle à Montréal. Il se rend cependant à Sainte-Foy le 27 juin. La mairesse de l'endroit, Mme Andrée Boucher, qui l'a emporté sur le maire Pelletier de Québec, désirait présenter ce spectacle dans sa ville. Mme Boucher a réussi à attirer le Cirque du Soleil sur son territoire en annulant la taxe municipale.

À Québec cependant, on exerce des pressions pour que le Cirque du Soleil installe son siège social dans la Vieille Capitale. Le Conseil municipal soutient que Baie-Saint-Paul est situé plus près de Québec que de Montréal et que Gilles Ste-Croix, Guy Laliberté, Daniel Gauthier et sa compagne Hélène Dufresne vivent à Québec ou dans les régions avoisinantes. Le raisonnement est logique, mais le Cirque du Soleil ne répondra pas à cette demande, préférant Montréal, surtout pour les affaires.

Le spectacle obtiendra beaucoup de succès, attirant plus de 400 000 personnes en moins d'une année. Il s'attirera encore les éloges de la presse, mais affligera la direction du Cirque.

« Ma pire année », dira Guy Laliberté, qui ne retrouve pas dans ce spectacle l'audace du Cirque du Soleil. Jamais plus le Cirque ne misera sur un succès passé.

« Notre philosophie est de brûler notre dernier *show* et de repartir à zéro à compter de maintenant », énoncera Gilles Ste-Croix.

Il y a eu beaucoup de confusion autour de cette production et Michel Barrette en aura payé le prix. Il semble qu'il n'a été utilisé qu'à titre de remplaçant avant le retour espéré de Franco Dragone. Michel Barette, artiste expérimenté au fort caractère, n'a jamais craint de négocier directement avec la haute direction du Cirque. Lui aurait-on confié la mise en scène du spectacle uniquement afin de le détourner de ses fonctions de représentant des artistes ? Ceux-ci n'ont incidemment jamais été syndiqués officiellement. Ils n'ont jamais obtenu des droits pour la création de leur numéro. Seul le musicien René Dupéré pourra récupérer plus tard les droits de ses œuvres. Barette démissionnera. Il n'a jamais revu un spectacle du Cirque du Soleil depuis.

Le Cirque du Soleil a même oublié d'inscrire son nom dans la liste de ses metteurs en scène. A-t-il monté un si mauvais spectacle ? A-t-il été mal évalué par la direction du Cirque du Soleil ? Fort probablement. Ce comédien et animateur formé par Decroux en France fondera sa propre compagnie, Kabouski, et signera trois mises en scène pour le Big Apple Circus de New York, dont celle du spectacle de leur 25e anniversaire, *Dream of a City*.

« La plupart des artistes qui ont quitté le Cirque y sont retournés sporadiquement par la suite, en prétendant qu'ils allaient reprendre l'argent qu'ils n'avaient pas eu dans les premières années du Cirque. Moi, je n'y retournerais pas même si on m'offrait un pont d'or », affirme Barette.

Le retour de Dragone

En 1989, Franco Dragone revient au Cirque du Soleil. Guy Laliberté lui offre, pour l'allécher et pour lui montrer sa confiance, le poste de directeur de la création, de la recherche et du développement, des fonctions qui font sourire Dragone, qui n'aime pas particulièrement les organigrammes. Déjà, il prépare *Nouvelle Expérience*, un spectacle qui sera présenté l'année suivante. La facture des spectacles du Cirque changera radicalement. C'est une période de mutation durant laquelle non seulement on abolira les personnalités, mais c'est aussi une période charnière où le concept du spectacle prédominera à l'intérieur d'un contexte beaucoup plus théâtral.

En 1989, le Cirque du Soleil reçoit la dernière tranche de 250 000 $ de la subvention de 750 000 $ du gouvernement du Québec et accède à une autonomie financière quasi totale.

L'École nationale de cirque de Montréal est installée dans l'ancien édifice de la gare Dalhousie et propose un programme scolaire qui s'intègre aux arts du cirque. Plus de 90 % des élèves trouvent un emploi à la fin de leurs études. Les spectacles qu'ils présentent à la fin de chaque année attirent des milliers de personnes sous le chapiteau de l'École, sur le site du Vieux-Port de Montréal. J'ai rencontré à l'occasion de ces spectacles non seulement des jeunes artistes talentueux mais de jeunes entrepreneurs qui ont appris à l'École nationale de cirque de Montréal comment gérer leur carrière personnelle ou comment gérer une entreprise de cirque. Bon nombre d'entre eux sont engagés par différents cirques, qu'ils soient américains ou européens, ou par le Cirque du Soleil avant même d'avoir terminé leurs études. Ils ne peuvent cependant se produire, sous aucune considération, dans un cirque ou dans aucune autre salle de spectacle pendant leurs études. L'École nationale de cirque de Montréal doit sa réputation à des hommes qui ont œuvré sans relâche à protéger son autonomie et à créer un environnement permettant à une nouvelle génération de s'intégrer aux arts du cirque tout en favorisant leur développement personnel. Parmi eux, citons les fondateurs Guy Caron et Pierre Leclerc ainsi que Jan Rok Achard, qui a succédé à Guy Caron à la direction générale de l'École nationale de cirque de Montréal. Jan Rok Achard a été directeur du Théâtre du Nouveau Monde à Montréal, enseignant au collège Lionel-Groulx, président de l'association sectorielle des métiers de cirque En Piste en 1999 et président de La cité des arts du cirque, formée en 2001. Considéré par plusieurs comme le penseur du cirque au Québec, Achard est consultant international en développement des arts de la scène. Il a rédigé en 2001, en compagnie de Yves Neveu, une étude sur la problématique de la formation continue et du perfectionnement dans les arts du cirque.

Une nouvelle équipe

Franco Dragone a toujours incité les étudiants à respecter l'authenticité et la vérité de l'art. Avec les années, il n'a pas changé et il impose toujours sa vision de l'art du cirque.

Il prépare fébrilement *Nouvelle Expérience*. Désirant protéger son œuvre contre toute forme d'intervention extérieure, il s'entoure d'une équipe solide et compétente. Cette équipe d'amis et de complices deviendra le principal réseau de création du Cirque du Soleil pendant les années à venir.

Michel Crête s'occupe désormais de la scénographie, Dominique Lemieux est responsable des costumes et René Dupéré continue à écrire toute la musique des spectacles. La chorégraphe Debrah Brown, Luc Lafortune, François Bergeron, Andrew Watson et Jonathan Deans complètent l'équipe.

Nouvelle Expérience est inspirée de la *Divine comédie* de Dante, rien de moins. Dans cet univers dantesque, les anges et les démons s'affrontent, le bien contre le mal, et évidemment le mal est incarné par la corporation. Dragone n'a pas oublié l'administration rigide du Cirque du Soleil et il règle ses comptes dans ce spectacle. Plus question de concessions, d'édulcoration, Dragone n'en fait qu'à sa tête et pousse à fond l'expérience.

Alors qu'on prépare la première du 8 mai 1990 à Montréal, il doit démissionner de la Compagnie du Campus en Belgique. Sa proposition d'un partenariat avec le Cirque du Soleil a été rejetée.

Le Cirque du Soleil se multiplie. Deux troupes défendent maintenant les couleurs jaune et bleu du Cirque avec le nouveau spectacle *Nouvelle Expérience*, l'une en Amérique et l'autre qui entreprend une tournée européenne qui la mènera à Londres (31 juillet-16 septembre) et à Paris (2 octobre-30 décembre). Au total, 161 102 Européens auront vu le spectacle.

Officiellement, on parle d'un certain succès à Paris, mais le grand spécialiste du cirque en France, Pascal Jacob, auteur de plusieurs livres et professeur des arts du cirque, prétend le contraire.

« C'était au tournant des années 1990 et je crois que la France était déjà mûre pour autre chose, encore plus d'audace, pour le Cirque Archaos par exemple, la grande compagnie de la dernière décennie, avec une esthétique violente, agressive, à contre-courant de la poésie familiale du Cirque du Soleil. » (Stéphane Baillargeon, *Le Devoir*, 5 mai 2003). Pas étonnant que le Cirque du Soleil n'y soit pas retourné depuis.

La tournée américaine s'achève le 21 décembre 1991 avec plus d'un million deux cent mille spectateurs qui auront vu *Nouvelle Expérience* et un *Drama Desk Award*, décerné par le cercle des critiques de New York dans la catégorie théâtre unique. Le Cirque du Soleil évolue dans un chapiteau de 2 500 places depuis 1990.

Le gigantisme

En 1992, le Cirque du Soleil accède au monde du gigantisme, sphère sans limites et impitoyable, qui non seulement ne pardonne pas l'échec mais écrase toute forme de concurrence. Les grandes corporations et les monopoles du cirque qui règnent sur cette chasse gardée ont déjà installé leur chapiteau dans les capitales du divertissement et implanteront le Cirque du Soleil à Las Vegas pour en faire rien de moins que la plus grande attraction de la planète.

À l'opposé des familles qui en Europe contrôlent le monde du cirque avec autant de condescendance que d'élégance, ce sont des visionnaires, des entrepreneurs venus de nulle part qui ont bâti Las Vegas à leur image. Ces êtres imbus de pouvoir sont des créateurs géniaux certes, mais ils règnent sur un empire dont il ne faut jamais remettre en question les valeurs et la raison d'être.

Le Cirque du Soleil présente cette année-là quatre productions différentes sur trois continents. Effectuant d'abord une série de spectacles dans 60 villes de la Suisse en compagnie du Cirque Knie, il installe ensuite son chapiteau à côté de l'Hôtel Mirage, voisin du Treasure Island à Las Vegas, pour y présenter *Nouvelle Expérience*. Il produit aussi, dans huit grandes villes du Japon, une tournée qu'il préparait depuis 1987 et que redoutaient tant les artistes, le spectacle *Fascination*, un amalgame des meilleurs numéros tirés des anciens spectacles.

Le Cirque du Soleil en Suisse

La tournée avec le traditionnel Cirque Knie aura été une expérience éprouvante, mais sûrement enrichissante pour l'une des équipes de tournée du Cirque du Soleil. Nous l'avons vu, le Cirque Knie tourne surtout en Suisse et est un cirque de famille comme on le conçoit en Europe.

On accueille donc le Cirque du Soleil avec un certain paternalisme pour une très longue tournée de 60 villes. La tâche sera pourtant facilitée pour l'équipe de soutien puisque la troupe est intégrée à celle des Suisses. Et c'est ainsi qu'on voit des numéros du Cirque du Soleil alterner avec des numéros de dressage du Cirque Knie. Étrange de voir dans les journaux locaux des artistes du cirque québécois photographiés avec des animaux. Sûrement une première et une dernière dans l'histoire du Cirque du Soleil.

La tournée est longue et les artistes vivent dans une grande promiscuité. Des liens se créent, des conflits éclatent, des amours naissent, la tension monte parfois et la tristesse aussi, mais jamais la tristesse n'a été aussi grande que lorsqu'on a appris le décès de l'artiste Luc Dagenais, mort d'un arrêt cardiaque dans sa chambre d'hôtel. L'un des comédiens acrobates les plus prometteurs du Cirque du

Soleil n'a pas survécu au stress du voyage, semble-t-il. Avant d'être embauché au Cirque du Soleil en 1986, Dagenais avait pendant trois ans étudié la gymnastique artistique en plus de participer à des stages de perfectionnement en théâtre et étudié une année à l'École nationale de cirque.

Saltimbanco

Franco Dragone lance en Amérique le mémorable *Saltimbanco,* un spectacle sur l'urbanité et la place de l'humain sur la Terre.

Dragone s'est d'abord inspiré de New York, des gens des villes. Au début du spectacle, il présente des humains habillés comme des vers qui glissent sur des arbres. Symbole de la nudité de l'homme. Progressivement, les hommes s'habillent, se transforment et adoptent le rythme de la ville, lieu de rencontres privilégié. Des flashs de couleurs, de lumières et de musique inondent ce spectacle pas particulièrement linéaire. La musique des villes, le bruit, le rythme et l'énergie des métropoles s'imposent. Le spectacle serait presque rock s'il n'était pas si baroque. Julie Boudreault a signé une remarquable étude de ce spectacle dans un livre intitulé *Le Cirque du Soleil, la création d'un spectacle, Saltimbanco*[2].

---

2. Boudreault, Julie. *Le Cirque du Soleil, la création d'un spectacle, Saltimbanco*, Montréal, Nuit blanche, 1996.

Les jumelles Steben

C'est à l'occasion de la création, à Montréal le 23 avril 1992, de *Saltimbanco* que les Québécois découvriront le talent des jumelles Sarah et Karyne Steben, qui présentent un numéro époustouflant. Il fallait une symbiose parfaite, autant physique qu'intellectuelle – et c'est souvent le cas chez des jumelles – pour réaliser ce numéro de trapèze.

Le numéro de trapèze pied à pied consiste à se lancer dans le vide et à se rattraper par les pieds et non par les mains. Ce numéro a permis aux sœurs Steben de remporter une médaille d'or au Festival mondial du cirque de demain, à Paris, en février 1992. Seul un couple, d'origine africaine, peut réussir l'exploit.

Karyne et Sarah sont âgées de 17 ans et connaissent bien le monde du spectacle puisque leur père, Claude Steben, a personnifié pendant de nombreuses années un personnage pour enfants, le Capitaine Cosmos, à la télévision québécoise.

« On a frappé aux portes du Cirque du Soleil en janvier 1991, racontent les jumelles. On a vécu par la suite deux mois tous les soirs en évaluation par les gens du Cirque. C'était difficile, mais on voulait tellement faire du cirque après avoir vu *Nouvelle Expérience* au Vieux-Port de Montréal. On est sorties de là en pleurant tellement on était bouleversées. Nous voulions faire du cirque, mais nous ne voulions pas vivre l'une sans l'autre. Il n'était pas question de nous séparer. »

Et c'est ainsi qu'elles ont conçu, avec l'aide de moniteurs spécialisés, ce numéro qui leur ressemble. Ce numéro qui les unit totalement à la vie et à la mort, pourrait-on dire, parce que la porteuse tient la vie de sa sœur par... les pieds. Elles ont appris la maîtrise de leur art et de leurs craintes et elles sont des artistes heureuses au Cirque du Soleil.

« On vit dans une nouvelle famille, celle du Cirque, avec au moins 15 pères et des tas de frères et sœurs. On fêtera nos 18 ans en Californie, après le spectacle. »

Les jumelles sont heureuses d'être de retour à Montréal, mais également de découvrir le monde à un âge où tout est possible. De nombreux Québécois et Québécoises sont attirés par le cirque et surtout par le Cirque du Soleil. En voyage surtout, il est sûrement rassurant de se trouver à l'intérieur d'une organisation administrée par des gens de son pays. Et l'inverse est tout aussi agréable. Dans un monde idéal, tous les artistes du Cirque du Soleil seraient québécois.

« La première année du Cirque, 50 % des artistes étaient québécois, notait Daniel Gauthier, cofondateur du Cirque du Soleil, mais le pourcentage a graduellement baissé et maintenant c'est autour de 15 % à 20 % de la distribution qui est québécoise. Au Québec, nous n'avons pas un bassin suffisant d'artistes pour répondre à la demande. »

Plusieurs clowns sont québécois. Rodrigue Tremblay (Chocolat), Benoît Ranger (Ben La Barouette), Guy Caron, René Bazinet, Michel Dallaire, entre autres. On compte également plusieurs acrobates dirigés par André Simard, mais le cirque est également un pays. Un pays sans frontières.

Jeux de coulisses

Le monde du cirque fait partie des mythes de notre société. Et tout comme les magiciens gardent précieusement les secrets de leurs tours, les gens de cirque gardent jalousement le secret de leur fonctionnement. Aucune institution ne protège autant son image. Voilà pourquoi les gens de cirque n'aiment pas parler d'eux et évitent de divulguer les secrets de coulisses, pas moins les gens des autres cirques que les gens du Cirque du Soleil.

Rarement parle-t-on des chiffres d'affaires, des énormes profits engendrés et des conditions de travail. Le Cirque du Soleil a innové en ce sens, il faut bien le souligner, puisqu'il a fait état de ses bilans financiers depuis le début de son existence. Dans le monde du gigantisme, il en va autrement. Le Cirque du Soleil devra donc composer avec de curieux personnages qui occupent la direction du Cirque Ringling Brothers and Barnum and Bailey, par exemple, et tout particulièrement le propriétaire du cirque, Ken Feld.

La journaliste pigiste Jan Pottker a tracé, dans le magazine *Regardie's*, un portrait pas particulièrement flatteur du cirque de Ken Feld. Elle dénonce l'exploitation des artistes, des enfants et des animaux et, pire encore, elle dévoile que le père de Ken Feld, Irvin, qui avait acheté le cirque en 1967, était bisexuel.

La réaction de Feld n'a pas tardé. Il a immédiatement engagé Clair George, ancien chef du Covert operations de la CIA, pour organiser une vaste enquête sur Mme Pottker et aussi la détourner de son projet d'écrire un livre sur son cirque.

L'opération a duré sept ans et Clair George a utilisé tous les moyens pour faire avorter la carrière littéraire de l'auteure. Il a même engagé un agent littéraire pour lui proposer la rédaction d'un autre livre en lui offrant 25 000 $ provenant du cirque. La ligne téléphonique de Mme Pottker aurait été mise sur écoute et toute sa vie passée au peigne fin. Mise au courant de cette enquête, elle a décidé de poursuivre le cirque pour une somme de 100 millions de dollars. L'affaire n'est toujours pas jugée.

Dragone à l'œuvre

Yves Vasseur, le biographe de Dragone, explique son système de travail « complètement révolutionnaire basé en parallèle sur le développement du scénario du futur spectacle et la formation des artistes qui le serviront ».

« Le thème est comme un pays qu'on visite, un filtre qui guide à travers le processus de création, une aide pour trouver les images, les musiques et les gestes.

« Que veut-on dire, explorer, réinventer ? demande Dragone. Quel type de numéros aimerait-on avoir pour coller aux thèmes déterminés ? Le spectacle se passera-t-il au sol, dans les airs ou dans l'eau ? Tout est possible à ce moment de la réflexion d'où émerge petit à petit le schéma dramaturgique voulu par le metteur en scène, en l'occurrence Franco, pour la création à venir.

« En liaison permanente, l'équipe de casting propose des artistes dont elle a préalablement visionné des cassettes vidéo ou qu'elle a rencontrés aux quatre coins du monde ou aux séances organisées régulièrement à Montréal dans les locaux du Cirque.

« De ces contacts naissent des numéros à créer ou à aménager, de l'équipement à réaliser, des costumes à dessiner, une scénographie à imaginer. Contenu et contenant, fond et forme évoluent ensemble et s'adaptent idéalement l'un à l'autre. »

Dragone a littéralement inventé le métier de metteur en scène de cirque. D'autres ont assemblé des numéros, certains ont transposé le théâtre dans un environnement de cirque, mais Dragone a procédé autrement. S'inspirant de la méthode *work in progress* utilisée au théâtre, il bâtit son spectacle avec les artistes. Contrairement au théâtre, il n'y a pas de scénario écrit à l'avance. Dragone s'inspire de la gestuelle des artistes en place, ainsi que de la matière. Il a appris du théâtre de la rue à ne jamais utiliser de véritables comédiens. Selon certains, Dragone aurait été un comédien raté à ses débuts au théâtre. Tant mieux puisqu'il a pu, de ce fait, dépasser le jeu conventionnel. Quand Gilles Ste-Croix dit qu'il « trouve le personnage en toi », c'est plus que le jeu, ce sont l'être et le vécu qui émergent. L'artiste de cirque n'a pas besoin de multiplier les personnages, contrairement au théâtre. Il vivra avec « son » personnage, cette énergie qui se manifestera avec une gestuelle qui lui est propre. Les costumes, la scénographie, la musique s'harmoniseront au personnage de chacun dans un ensemble qui tend vers l'unité. Dragone doit utiliser les talents bruts des athlètes pour les assouplir dans un contexte artistique sans jamais renier la nature même de l'artiste. Le surpassement sportif fait place à l'artistique, avec autant de rigueur et d'ambition mais s'élevant parfois jusqu'à la poésie.

Dragone a trouvé sa voie et son œuvre se perçoit à travers le Cirque du Soleil. Il est devenu la pensée, le style, l'homme-orchestre de tous les spectacles du Cirque.

Histoires d'amour

Non seulement Guy Laliberté et Daniel Gauthier ont-ils été les cofondateurs du Cirque du Soleil, mais ils ont, à tour de rôle, aimé la même femme.

Laliberté a vécu un amour de jeunesse passionné avec Hélène Dufresne dans les premières années du Cirque du

Soleil. Ils se sont rencontrés à Baie-Saint-Paul et ont vécu ensemble jusqu'en 1986, puis ils se sont séparés. Quand on connaît un tant soit peu Guy Laliberté, on peut difficilement lui imaginer une relation stable et durable.

Daniel Gauthier avait travaillé avec Hélène Dufresne durant la période de crise du Cirque. Des liens se sont tissés, un amour qui les a conduits au mariage en 1991. Ils formeront un couple uni qui adoptera deux enfants en Mongolie quelques années plus tard.

À la même époque, Guy Laliberté rencontre une jeune femme de 17 ans sur une plage du Brésil. Âgé de 32 ans, il est attiré par cette Brésilienne, Rizia Moreina, née à Bello Horizonte. C'est le début d'une longue histoire d'amour. Quand son horaire lui permet quelques jours de liberté, Laliberté part retrouver Rizia, une superbe jeune femme, et cette dernière vient régulièrement visiter son amoureux à Montréal. Après quelques années, Guy invite Rizia à venir habiter avec lui et lui offre de lui payer des cours universitaires.

La belle Rizia déchante lorsqu'elle constate qu'elle vit le plus souvent seule dans le grand appartement et qu'elle ne maîtrise pas suffisamment la langue française pour s'intégrer au milieu et pour être acceptée à l'université. À la fin de l'année 1994, Laliberté a rencontré une autre femme. Il demande à Rizia de quitter l'appartement. Rizia demande du temps pour mettre de l'ordre dans ses affaires et les deux ex-amoureux se retrouvent, parlent de leurs différends. Rizia annoncera plus tard qu'elle est enceinte. Naïma naîtra le 30 octobre 1996. Enceinte, Rizia a suggéré le mariage, mais Laliberté a préféré qu'elle demande la résidence permanente au Canada. « On verra pour le mariage », a-t-il dit.

Las Vegas

En installant son chapiteau sur le terrain du Mirage à Las Vegas en 1992, le Cirque du Soleil se familiarise avec un monde qui lui ressemble. Si des amuseurs publics ont réinventé le cirque, des aventuriers, des hommes d'affaires de toutes les souches, de tous les milieux ont réinventé le monde à Las Vegas.

En pleine période de prohibition en 1931, l'État du Nevada légalisait le jeu d'argent et assouplissait ses lois en matière de prostitution et de divorce. Pas étonnant que Las Vegas ait traîné pendant longtemps une réputation de ville de péché (*sin city*). Les gangsters, membres de la mafia y affluèrent. Parmi eux, Bugsy Siegel, qui fit construire le Flamingo en 1946. À cette époque, la pègre américaine contrôlait la ville et y imposait son organisation et sa philosophie. Warren Beatty a immortalisé le personnage de Siegel dans le film *Bugsy*, qui nous donne une bonne image du Las Vegas des années 1940.

Dans les années 1960, on a entrepris d'épurer la ville en déclarant la guerre à la mafia. À cette époque, le légendaire Frank Sinatra avait créé le Rat Pack à l'hôtel Sands. Ce groupe formé de Dean Martin, Sammy Davis Jr., Joey Bishop et Peter Lawford faisait la pluie et le beau temps à Las Vegas. À sa grande déception cependant, Sinatra n'a jamais pu devenir propriétaire d'un casino parce qu'on le soupçonnait d'entretenir des liens avec le monde interlope.

Howard Hugues, excentrique millionnaire américain, et des groupes de mormons en ont profité pour effectuer une entrée en force dans la capitale du jeu et assainir les mœurs tout en s'enrichissant. Steve Wynn a acheté un morceau de terre ayant appartenu à Hugues et ce fut le début d'une longue aventure dans le désert du Nevada : celle du paradis artificiel de l'Amérique, où chaque année 33 millions de visiteurs pensent que tous les rêves sont possibles. Avec son 1,3 million d'habitants, Las Vegas reçoit tous les compulsifs de ce monde qui veulent tout et tout de suite. Pas moins de 250 chapelles où l'on peut se marier même dans un *drive-in* sans sortir de l'auto et se séparer aussi vite. Une ville où l'on peut faire fortune aux jeux instantanément, où on peut voir la tour Eiffel, Paris ou des villes d'Italie (au Bellagio, par exemple), toutes en format réduit. Un monde condensé et pourtant inventé. Un monde que découvrent les gens du Cirque du Soleil et tout particulièrement Guy Laliberté. Comment ne peut-il pas être fasciné, lui qui vit déjà à 200 kilomètres à l'heure dans une Porsche ou bientôt dans sa Ferrari, ou sur sa moto ? Et comment peut-il résister, devant la table de jeu, aux émotions fortes qu'il a constamment recherchées ? Guy Laliberté a toujours été un joueur. Il avait déjà tout misé sur le spectacle à Los Angeles en 1987. Il croit à sa chance, à sa bonne étoile. C'est ce qui fait sa force.

Laliberté gagne le gros lot

Et la chance le poursuit, même au casino. Un jour, la direction du Cirque du Soleil attend quatre hommes d'affaires importants qui arrivent de Floride et de New York pour négocier d'importants contrats. Tout le monde se retrouve dans un hôtel de Las Vegas à l'heure convenue. Tout le monde sauf Guy Laliberté. On s'énerve dans le camp du Cirque du Soleil. On finit par le rejoindre et il s'excuse en invoquant un contre-temps malheureux. Il promet d'être là, le lendemain à 13 heures.

Le lendemain, il n'est toujours pas là. On attend, on désespère et voilà que Guy Laliberté apparaît trois heures plus tard. Calmement, il s'installe à son fauteuil, regarde les gens autour de lui avec un sourire. Il fouille dans sa poche de veston et exhibe un chèque à bout de bras.

« Messieurs, dit-il, je suis désolé de vous avoir fait attendre si longtemps, mais vous comprendrez que je ne pouvais pas laisser la table de jeu puisque j'ai gagné le gros lot du Caesars Palace. Voyez le montant vous-mêmes : 980 000 $. »

L'histoire ne dit pas comment ont réagi ses invités.

À Las Vegas, Laliberté rencontre un autre gagnant, un milliardaire, un visionnaire et un homme de culture qui va changer sa vie et celle du Cirque du Soleil : Steve Wynn.

Steve Wynn

Steve Wynn est propriétaire de l'hôtel Mirage, qui accueille le chapiteau du Cirque du Soleil. Il fera construire plus tard le Treasure Island pour accueillir *Mystère*, le premier spectacle du Cirque du Soleil présenté en permanence en 1993, et le Bellagio, où sera présenté *O* en 1998.

Steve Wynn a souvent répété que le Cirque du Soleil était « la fleur du désert du Nevada ». Il a installé le cirque québécois à Las Vegas pour en faire le plus grand cirque du monde et le plus prestigieux. C'est ce qu'il proclame et son avis fait loi aux États-Unis.

Et pourtant, Guy Laliberté avait approché J. Terrence Lanni, président des opérations du Caesars World, pour présenter *Mystère* au Caesars Palace. Lanni avait refusé, estimant ce spectacle « trop ésotérique ».

Steve Wynn a mieux évalué la situation. Visionnaire, homme de culture et d'astuce, bâtisseur d'un empire à Las Vegas, il a rapidement recherché la complicité de Laliberté afin de changer l'image de Las Vegas.

« Las Vegas doit offrir des distractions en tout genre non plus seulement aux adultes mais aux familles, disait-il en 1989, à l'ouverture du Mirage. Les hôtels doivent maintenant offrir des distractions, des services y compris des chapelles de mariage afin d'inciter les clients à y passer le plus de temps possible. »

Qui est donc Stephen A. Wynn, l'homme qui a sauvé l'image de Las Vegas selon les observateurs ?

Né à New Haven au Connecticut, le 27 janvier 1942, Wynn est bachelier en littérature française de l'Université de Pennsylvanie et détenteur d'une maîtrise en administration de l'Université de Nevada. Attiré par la culture française et tout particulièrement par ses peintres, Wynn collectionne des toiles de Cézanne, de Picasso et des impressionnistes. Il épouse Élaine Pascal en 1963 et le couple déménage à Las Vegas en 1967. Le couple achète des parts du Frontier Hotel. Une transaction immobilière avec Howard Hugues en 1972 lui permet d'acheter le Golden Nugget à Atlantic City. Il le reconstruit, le revend 440 millions de dollars et fait construire Le Mirage à Las Vegas avec les profits réalisés. En réalité, le montant n'est pas suffisant et il utilise 565 millions supplémentaires provenant des *junk bonds* de son acolyte Michael Milken pour financer l'entreprise. Le Mirage a coûté 630 millions de dollars et a complètement changé le visage de Las Vegas. On parle d'un boum financier de 5 milliards de dollars que l'érection de cet hôtel a provoqué durant la décennie. Sur le strip de Las Vegas, on a assisté à la naissance des mégahôtels qui rivalisent de gigantisme, dont le Mandalay (3 300 chambres), le Luxor (4 427 chambres), le MGM Grand (5 005 chambres), le Paris-Las Vegas (2 916 chambres), ce dernier hôtel reproduisant les plus beaux sites de Paris.

Wynn le visionnaire a «nettoyé» Las Vegas, lui a donné un style et des lettres de noblesse... fausses évidemment. Mais qu'importe, les œuvres de collection sont authentiques et l'illusion de richesse et de culture est parfaitement réussie.

Le succès remporté par *Nouvelle Expérience* est tel que Wynn n'hésite pas à faire construire Treasure Island pour qu'y soit monté *Mystère.* Il signe avec Guy Laliberté une entente de 10 ans qui permet au Cirque du Soleil d'installer une partie de sa troupe à Las Vegas pendant toute cette période. Wynn est le roi incontesté de Las Vegas en 1992. Personnage flamboyant adorant raconter ses succès aux médias, il ne tolère cependant aucune contradiction et poursuit le journaliste John L. Smith, qui, dans *Running Scared,* a eu la mauvaise idée de parler de certains liens qu'il aurait entretenus avec la pègre. Il aura gain de cause et ruinera l'éditeur avec des dommages de 3,1 millions de dollars pour avoir terni sa réputation. Wynn est cependant éprouvé par une rétinite pigmentaire, une maladie incurable qui détruit graduellement la rétine, le nerf optique, réduisant le champ de vision jusqu'à la cécité complète. C'est sans doute à cause de cette maladie que Wynn a développé sa mémoire phénomélale. De mémoire, il cite tous les chiffres et le contenu de ses contrats et peut raconter toutes ses transactions et celles de ses compétiteurs sans omettre un détail.

Une première décennie

La tournée américaine de *Saltimbanco*, qui a débuté à Montréal le 23 avril 1992 et qui s'est terminée à Atlanta en décembre 1993, a attiré 1 416 359 spectateurs et *Nouvelle Expérience* a été vu par 420 000 vacanciers à Las Vegas pendant la même période, sans compter les tournées au Japon et en Suisse. Le Cirque du Soleil a grandi sur trois continents et célèbre son dixième anniversaire. Sa croissance a été phénoménale et ne semble pas vouloir s'arrêter. Guy Laliberté voulait conquérir le monde et voilà que le monde lui ouvre ses portes... ou presque. Il n'y a que certains pays d'Europe, dont la France, qui perçoivent le Cirque du Soleil comme une grosse machine américaine et qui tardent à suivre le courant. Les pays de l'ex-Union soviétique ne semblent pas empressés non plus. Ces pays ont déjà une longue tradition de cirque et ne se laissent pas facilement impressionner.

Mystère

Qu'importe, Las Vegas courtise ardemment le Cirque du Soleil et lui prépare déjà une place de choix dans son royaume. Le succès remporté par le Cirque du Soleil après un premier séjour sur le stationnement du Mirage a convaincu Steve Wynn de l'inclure dans ses plans.

« *Mystère* a été un spectacle terriblement difficile à monter, raconte Franco Dragone. Pour la première fois, je devais composer avec une salle de spectacle. C'est un autre médium, une autre approche, mais c'est toujours du cirque. C'était un défi, un chantier devant moi avec ses règles, ses exigences et je ne pouvais plus fonctionner de la même manière que par le passé. Il me fallait apprivoiser un nouvel environnement. »

Le Cirque du Soleil n'est plus un invité de Las Vegas ; il fait maintenant partie de la famille. Il présente dorénavant un spectacle sur un site permanent et en exclusivité à l'intérieur d'un hôtel. Franco Dragone doit adapter son mode de travail à un lieu fixe qui ressemble à un chantier de construction au début de son processus de création. Et puis, Steve Wynn lui fait savoir subtilement qu'il devra vivre à Las Vegas, capitale du jeu.

Le jeu

Trente-trois millions de personnes visitent annuellement Las Vegas et y laissent des fortunes. Derrière le clinquant et l'illusion de l'opulence se cachent des vies brisées et des joueurs suicidaires. L'entreprise du jeu n'est pas une œuvre de charité destinée à soulager les pauvres de leur misère. Les propriétaires de ces établissements y font des profits mirobolants en entretenant l'illusion de la richesse vite acquise. Pas étonnant qu'on célèbre bruyamment tous les gros lots remportés et qu'on colle au mur les rares photos des gagnants de sommes importantes.

On vend du rêve et des illusions en cachant le plus soigneusement possible la triste réalité des perdants, qui forment la majorité des joueurs. On y cache aussi la réalité de la vie, ses exigences, ses devoirs, ses souffrances et les injustices qui sévissent dans le monde. Las Vegas n'est pas une ville comme les autres. Le Nevada n'est pas un État comme les autres dans l'union des États américains. Que de joueurs croient échapper à leur quotidien et aux trop lourdes charges de la vie en espérant le miracle de Las Vegas.

Dans ce contexte, les casinos du monde entier présentent des spectacles légers, pas très longs, qui véhiculent des valeurs traditionnelles. Pas question de repenser ses valeurs et de se faire interpeller dans un spectacle de casino, l'objectif étant toujours de sécuriser le visiteur et de l'amener à jouer.

On peut imaginer les déchirements intérieurs de Franco Dragone, qui a été formé par le cirque de la rue et qui a œuvré toute sa vie pour des causes humanitaires.

« Au début, j'étais mal à l'aise. Je venais du théâtre-action du Campus et l'enjeu était d'associer l'art et le *business*. Je me suis demandé malgré tout comment faire un geste social au sein du Cirque du Soleil. Je me suis déguisé en *show-business man* pour noyauter le *showbiz*. Avec le Campus, nous voulions découper des problématiques sociales sur scène pour reconstruire des solutions. Avec le Cirque du Soleil, mon souci politique s'est déplacé : il n'est plus dans les spectacles mais dans la gestion. Le plus grand geste social du Cirque du Soleil aura été d'avoir créé 2 500 emplois. Toutefois, je revendique que chaque spectacle soit porteur de quelque chose. »

Las Vegas n'entachera pas l'intégrité de Dragone. Tout comme il avait résisté à Guy Laliberté en montant *Le cirque réinventé*, il résiste à Las Vegas, à son clinquant, à ses charmes et à Steve Wynn.

Il imagine un voyage métaphorique débutant à l'aube des temps, symbolisé en ouverture par le puissant martèlement des tambours taiko, où la musique, la danse et de spectaculaires démonstrations d'athlétisme se rencontrent. Parmi les numéros, on trouve le fascinant ballet aérien exécuté à l'aide d'élastiques et l'éblouissant numéro de planches coréennes, le majestueux spectacle des mâts chinois à l'impressionnant numéro de trapèze. Ces numéros qui expriment avec dynamisme la perpétuelle évolution de l'art du cirque.

Les 72 interprètes de la troupe de *Mystère* proviennent de 18 pays et proposent un voyage mystique à travers l'impossible. C'est le vœu de Franco Dragone, qui se réalisera.

Steve Wynn n'accueille pas le projet de son metteur en scène sans inquiétude :

« Au début du spectacle, il y a sur scène deux voitures d'enfant, deux landaus dans un rayon de lumière et, tout à coup, les caisses claires entrent dans un bruit de cataclysme, du ciel descendent des gigantesques tambours japonais. Quand s'arrête enfin la rafale des percussions, on entend une musique de flûte douce et un bébé pleurer. Ça, on ne l'a jamais vu à Las Vegas. Qu'est-ce que c'est, cette idée d'un bébé qui pleure en début de spectacle ? Veux-tu que le public se prenne la tête, se questionne ? Ce n'est pas bon pour Las Vegas. »

Franco ne bronche pas. Ce cri de l'enfant, c'est l'innocence qui dérange, le cri du cœur, de la vie.

À la générale, Wynn n'aime toujours pas le spectacle, qu'il considère « aussi chiant qu'un opéra allemand et les chauffeurs de taxi n'aimeront certainement pas ce spectacle ».

Dragone aime bien les opéras allemands et les chauffeurs de taxi, qu'il connaît bien. Décidément, Dragone a du caractère et il s'entête encore. Il aura raison puisque *Mystère* contribuera à la fortune de Wynn avec un taux d'occupation moyen de plus de 95 %, 10 fois par semaine, durant près de 10 ans.

C'est d'abord Franco Dragone qui a gagné son pari puis c'est, évidemment, le Cirque du Soleil. Le succès remporté par *Mystère* permet de rêver et de songer à l'avenir. On fait maintenant confiance au génie de Dragone, qui est en train de se bâtir une réputation enviable aux États-Unis. Ce n'est plus un saltimbanque qui a bien tourné, mais un véritable créateur qu'on acclame et qu'on respecte. Il a été un artisan de premier plan de la percée du Cirque du Soleil aux États-Unis et maintenant à Las Vegas, une ville qui ne lui ressemble pourtant pas. Il aura transformé la capitale du jeu en capitale artistique. Et toujours à l'écoute de ses artistes et du public, il transformera soir après soir son spectacle, l'ajustera constamment, le peaufinera jusqu'à sa satisfaction complète.

Steve Wynn a des plans et songe déjà à d'autres productions. Il a subitement pris conscience que Las Vegas était prête à un renouveau dans le monde des arts, que finalement tous les publics se ressemblent et sont sensibles à une recherche honnête et authentique.

Guy Laliberté installe un bureau à Las Vegas et emménage dans un luxueux condominium. La capitale du jeu fera partie de ses nombreux pied-à-terre. Il en possède un à Montréal et un autre à New York, ainsi qu'une résidence au Brésil. Malgré les millions et le succès, toujours demeure cette itinérance.

Un remarquable dixième anniversaire

Alegria

Il n'y a pas que Las Vegas. Il y a aussi le monde et tout particulièrement l'Amérique qu'il faut nourrir de merveilles et de nouveaux exploits. Pour célébrer dignement et fièrement son dixième anniversaire, le Cirque du Soleil présente, en tournée américaine, son nouveau spectacle : *Alegria*. Combien de fois ai-je entendu dire qu'il s'agissait du plus bel accomplissement de cette entreprise toujours et encore québécoise? Comme si le Cirque du Soleil avait réuni toutes ses énergies, tous ses talents pour les faire converger en un spectacle éblouissant.

Alegria, qui est créé à Montréal le 21 avril 1994 avant d'entreprendre une tournée américaine d'une durée de deux ans, est un spectacle d'allégresse, de joie et d'espoir. *Alegria*, qui signifie «allégresse» en espagnol, c'est la réponse de Dragone à tous les prophètes de malheur qui commencent déjà à se manifester alors que le siècle et le millénaire s'achèvent.

Les clowns, les enfants côtoient des personnages d'époque, rassemblés à la cour du roi. C'est un regard neuf sur une vieille réalité et c'est l'espoir du renouveau, de talents qui s'éveillent et ne demandent qu'à s'exprimer sous le soleil ou sous... le Cirque du Soleil. Cette histoire folle, ce chant de joie ressemblent à la démarche de ce cirque. Une quarantaine d'artistes de tous les pays participent à ce spectacle présenté sous le chapiteau. Les Québécois y sont moins nombreux depuis quelques années, mais le Cirque du Soleil, par son approche, son originalité, sa gestion et sa philosophie, demeure toujours franchement québécois.

Le Cirque du Soleil vit, en cette année de fête, son époque d'or et on convient unanimement qu'*Alegria* est son plus grand accomplissement à ce jour. La musique du spectacle est d'une telle intensité, chef-d'œuvre d'originalité et de sensibilité, qu'elle s'échappe du chapiteau et tourne sur les palmarès des grandes capitales du monde. Le compositeur René Dupéré obtient une formidable reconnaissance internationale alors qu'en 1995 l'album *Alegria* obtient une nomination aux Grammy Awards et se retrouve sur le palmarès du Billboard pendant 65 semaines. La même année, on rend hommage à sa musique au Festival International de Jazz de Montréal. Dupéré vendra 1 400 000 exemplaires de l'album *Alegria*. Précédemment, l'album *Mystère*, aussi composé par Dupéré, avait occupé une place dans le palmarès de Billboard pendant 20 semaines et le compositeur avait obtenu un Félix au gala de l'ADISQ pour l'album instrumental de l'année en 1988 avec *Le cirque réinventé*.

« Quand j'ai écrit la musique d'*Alegria*, j'avais l'impression de retourner aux origines du Cirque du Soleil et de retrouver la saveur européenne, ce côté fellinien de nos débuts », raconte Dupéré. *Alegria*, dont les paroles des chansons ont été écrites par Dragone lui-même, demeure l'album du Cirque du Soleil le plus vendu.

La reconnaissance

Les célébrations sont nombreuses pendant ce dixième anniversaire, ainsi que les bilans. On tourne même le premier documentaire d'envergure sur l'histoire de ce cirque. *Odyssée baroque* a été tourné en bonne partie dans le désert du Nevada. Le Cirque publie un magazine portant sur ses 10 ans, mais aucune étude sérieuse indépendante n'a encore paru. Dans la centaine de livres français qui traitent du cirque, on fait peu de cas du Cirque du Soleil, et quand on en fait mention, on soupçonne l'obligation d'aborder un cirque incontournable et d'admettre qu'il est le cirque le plus prometteur du monde.

Si le Cirque du Soleil s'acharne tant à se faire valoir et à se vendre, c'est qu'il n'a reçu jusqu'à ce jour que bien peu d'appui et de considération de la part du monde du cirque. Et Steve Wynn, le magnat et allié de Laliberté, n'est pas la meilleure carte de visite dans ce milieu.

Cirque du monde

On fait peu de cas, en 1994, de ce qui s'avérera la plus belle et la plus touchante entreprise du Cirque du Soleil. Le Cirque du Soleil renoue avec ses origines et, en partenariat avec l'organisation Jeunesse du monde, crée le programme Cirque du Monde. Ce programme international appuie la réinsertion sociale des jeunes par l'initiation aux arts du cirque. Jeunesse du monde est un organisme non gouvernemental qui se consacre, depuis 1959, aux jeunes de tous les milieux, dans un esprit de solidarité à l'échelle planétaire. Dans la foulée de la signature de la Convention internationale relative aux droits de l'enfant en 1989, Jeunesse du monde a tourné son regard et ses interventions sur les problèmes des jeunes de la rue des grandes villes. C'est plus particulièrement la réinsertion sociale de ces jeunes laissés-pour-compte qui a retenu son attention.

Le Cirque du Soleil ne pouvait qu'être sensible à cette démarche. D'abord parce que l'ensemble des membres du Cirque du Soleil sont relativement jeunes, la moyenne d'âge ne dépassant pas 30 ans. Il n'a pas oublié leurs origines d'amuseurs publics. Le Cirque du Soleil peut encore s'identifier à la réalité des jeunes issus de milieux difficiles des grandes métropoles parce que l'un et l'autre connaissent, à leur façon, l'itinérance et la marginalité.

Déjà Guy Laliberté avait manifesté son intérêt pour les habitants du Grand Nord canadien. Fort discrètement, le Cirque du Soleil y a présenté des spectacles. En 1987, il s'était rendu à Frobisher Bay présenter trois spectacles. Gilles Ste-Croix se souvient encore d'une Amérindienne de 103 ans qui avait pris place sous le chapiteau pour voir une dernière fois le cirque de ses rêves. « Un moment émouvant dont je me souviendrai toujours, dit-il. Il y avait quelque chose de spécial à vivre parmi ce peuple de l'autre bout du monde. »

En 1995, le Cirque prépare une série d'ateliers dans six grandes villes du monde, trois au Nord et trois au Sud, en collaboration avec Cirque du Monde. On s'intéresse d'abord à la Mongolie, où une équipe d'entraîneurs du Cirque du Soleil s'installe afin d'initier une jeunesse en difficulté aux arts du cirque. Daniel Gauthier et Hélène Dufresne se rendent sur les lieux avec un certain empressement. Ils avaient déjà adopté deux enfants de ce pays et y avaient remarqué une certaine détresse chez les jeunes. Jadis, ce pays situé entre la Chine et la Russie était prospère et fort productif. Quand l'Union soviétique s'est écroulée, la Mongolie s'est également effondrée puis s'est fort mal adaptée au nouveau capitalisme. Plusieurs fonctionnaires ont perdu leur emploi, des familles ont été brisées et une bonne partie de la jeunesse s'est retrouvée sans foyer. Au plus fort de l'hiver, des jeunes vivent sous terre, réchauffés par les tuyaux de gaz. Ces enfants ont été maltraités, battus, violés.

Sur place, les animateurs Paul Laporte et Cécile Truffault ont accompli un travail remarquable.

« Ces jeunes ont perdu l'estime d'eux-mêmes, raconte Cécile Truffault. Durant la première semaine de l'atelier, on trouve beaucoup d'agressivité chez les jeunes, puis, très rapidement, leur attitude change. Ils apprennent à travailler en équipe, à s'entraider et surtout à relever des défis lorsqu'ils parviennent à effectuer des numéros difficiles. C'est ainsi qu'ils reprennent confiance en leurs moyens. »

Paul Laporte est catégorique :

« Nous n'aurions pas été en mesure d'atteindre nos objectifs avec les jeunes avec d'autres activités que celles du cirque. »

Le même scénario se répète au Brésil, au Chili et ailleurs. L'objectif n'est pas de recruter de futurs artistes du Cirque du Soleil même si quelques-uns ont déjà réussi à prendre leur place dans la prestigieuse troupe. Le but est d'abord humanitaire. Paul Vachon, qui a été clown, acrobate et même directeur artistique du Cirque du Soleil à Las Vegas, a accepté avec empressement la direction de Cirque du Monde il y a quelques années.

« Il y a plusieurs similitudes entre le monde du cirque et celui de la rue, affirme-t-il. Ce sont deux mondes marginaux et imprévisibles. Tous les deux font place à la magie, à l'imagination, aux rêves et au danger. »

Cirque du Monde s'étend maintenant en Mongolie, au Brésil, en Éthiopie, en Angleterre et dans plusieurs villes d'Amérique du Nord. Dans tous ces quartiers défavorisés, on attend impatiemment la venue des ateliers du Cirque du Soleil, une fois l'an. *Juggling Dreams,* documentaire produit par Radio-Canada et réalisé par Josh Freed et Miro Cernetig, nous fait vivre la triste réalité de ces jeunes de Oulan Bator, capitale de la Mongolie, transformée par l'équipe de Cirque du Monde. Non seulement cette équipe enseigne les arts du cirque aux enfants, mais elle forme également des entraîneurs sur place de façon à assurer une continuité.

Un cirque devenu grand

Alors que le Cirque du Soleil s'implique socialement et investit dans ce trésor que représente la jeunesse du monde entier, on peut mesurer le chemin parcouru. Un cirque donne après avoir tant reçu. Et pourtant… il a bien failli mourir plusieurs fois dans ses premières années d'existence, ce cirque dirigé par des hippies qui administraient leur entreprise de manière on ne peut plus anarchique. On ne donnait pas cher de sa peau jusqu'en 1986, malgré l'estime du public québécois. Un comptable qui a travaillé au Cirque du Soleil pendant les premières années racontait qu'il avait quitté son emploi parce qu'il ne voyait aucun avenir avec « cette entreprise complètement désorganisée qui semblait n'aller nulle part. Évidemment que je l'ai regretté par la suite ».

Cette entreprise s'est cependant rendue aux États-Unis et y a joué le tout pour le tout. Comme on l'a vu, le succès remporté par le Cirque du Soleil sur la côte ouest américaine et à New York a été foudroyant et a changé à jamais son image et son existence même, un succès qui l'a cependant ébranlé jusque dans ses fondements.

Je crois que les gens du Cirque du Soleil, Guy Laliberté en premier lieu, ne s'attendaient manifestement pas à un triomphe de cette ampleur à leur premier séjour outre-frontière. Ce triomphe a enclenché une croissance qu'ils furent incapables de gérer dans un premier temps. Guy Laliberté s'est alors appuyé sur les hommes les plus aguerris de son entourage afin de composer avec un succès inespéré. Gilles Ste-Croix, qui s'occupait jusque-là des projets spéciaux du Cirque du Soleil, s'est vu subitement octroyer le pouvoir de négocier avec les artistes du Cirque. Normand

Latourelle, qui avait également toute la confiance de Laliberté et de Daniel Gauthier, tentait désespérément de mettre de l'ordre dans l'administration alors que l'atmosphère était euphorique. Subitement, le Cirque du Soleil devait se comporter comme une multinationale, alors qu'il n'avait que l'expérience d'une entreprise locale. En peu de temps, Guy Laliberté, qui admettait être un «*bum* rebelle», devait se transformer en homme d'affaires. Lui et les gens de son entourage n'avaient pas 30 ans. Difficile, il faut bien le reconnaître, de garder la tête froide et les pieds sur terre en de telles circonstances.

Sans ce triomphe à Los Angeles, le Cirque du Soleil n'aurait pas survécu. Limiter ses activités au territoire du Québec et même du Canada n'était pas viable. La seule solution était non pas seulement de présenter des spectacles à l'étranger, mais carrément d'envahir le marché américain au prix d'immenses efforts. La troupe a payé ce prix.

Déjà un empire

Maintenant le monde

Pendant qu'*Alegria* poursuit sa tournée américaine dans la joie et l'allégresse en 1995, le Cirque du Soleil est invité à participer aux festivités entourant la tenue du Sommet du G-7, à Halifax, du 14 au 16 juin. Il donnera trois représentations d'un spectacle d'une heure spéciale-ment conçu pour l'événement regroupant les numéros les plus spectaculaires d'*Alegria,* de *Saltimbanco* et de *Mystère.* Guy Laliberté en est particulièrement heureux. Cette pré-sence parmi les représentants des sept pays les plus indus-trialisés lui permet de poser un autre pion sur l'échiquier mondial. L'Amérique ne lui suffit plus, ni l'Asie ; il songe à s'implanter en Europe. Il ne choisit ni Londres ni Paris pour installer les bureaux du Cirque du Soleil en Europe, mais Amsterdam. C'est d'ailleurs là qu'il entreprend, le 9 mars 1995, une tournée européenne qui mènera le Cirque du Soleil à Munich, Berlin, Londres, Hambourg, Düsseldorf, Stuggart, Anvers, Zurich, Francfort et Amsterdam, une deuxième fois l'année suivante, puisqu'il s'agit d'une tour-née de deux ans.

Quidam

Franco Dragone ne s'arrête plus, comme s'il était en état d'urgence de produire spectacle après spectacle et de profiter des meilleures années de sa vie. Après *Alegria,* qui a été encensé jusqu'en Australie alors qu'un critique affirme qu'il s'agit de rien de moins que du « spectacle de cirque du siècle », le désormais célèbre metteur en scène s'attaque à *Quidam.* Cette production verra le jour à Montréal en avril 1996. Après la fête d'*Alegria,* c'est un spectacle plus sombre, plus dramatique que propose Dragone. Jamais il n'a été si proche de la théâtralité. *Quidam* raconte l'histoire d'une petite fille issue du milieu bourgeois qui voyage, sans âme et sans vie, dans un monde d'anonymes, de gens qui ne communiquent plus. Voilà qu'elle pénètre dans un nouvel univers qui lui semble tout à fait étrange. C'est le monde de la rue, des clôtures qui enferment la misère des pauvres, des clochards qui fêtent et qui rêvent. Parmi eux, elle rencontre un personnage qui transforme la vie en une fascinante aventure et qui lui fait découvrir le merveilleux de l'existence. Spectacle triste et féerique à la fois, mais toujours spectaculaire. La scénographie est particulièrement soignée, alors qu'on peut voir un téléphérique de 120 pieds de longueur avec 5 rails, un dispositif qui permet des entrées spectaculaires des artistes et de nombreux effets spéciaux. Un trio de clowns vient parfois compliquer les choses et, parmi eux, on trouve Rodrigue Tremblay, l'éternel Chocolat.

Quidam aura une longue vie en Amérique, où il a accueilli deux millions et demi de spectateurs avant d'entreprendre une tournée en Europe.

Une nouvelle maison : le studio

Après l'Amérique, c'est à Tokyo qu'on tourne *Alegria*. *Mystère* est bien installé au Treasure Island à Las Vegas et la tournée de *Quidam* se poursuivra pendant trois ans en Amérique. Il s'agit de la plus longue tournée du Cirque jusqu'à ce jour et l'entreprise québécoise est désormais connue partout. Il lui faut installer ses quartiers dans un lieu à la mesure de son entreprise, un lieu qui lui ressemble par son originalité, sa démesure et son audace.

Après des années de recherche et d'exploration et surtout de négociations avec les trois paliers de gouvernement au Québec, le Cirque du Soleil procède en grande pompe, le 20 février 1997, au dévoilement de son installation dans le quartier Saint-Michel à Montréal. Soucieux de leur image de romanichels, les gens du Cirque du Soleil n'ont même pas hésité à s'installer près d'un dépotoir, le plus grand du Québec, le deuxième en Amérique.

Encore une fois, ils font preuve d'audace. Ils n'hésiteront pas à s'asseoir sur l'un des lieux les plus explosifs de Montréal, contenant, enfouis sous le sol, des biogaz si concentrés qu'ils peuvent chauffer 25 000 maisons. Une étude, menée par l'Université McGill de Montréal au début des années 1990, faisait état d'une augmentation de 20 % de différents types de cancers qui affligeaient les gens résidant près de la carrière Miron. On n'a cependant jamais pu prouver un lien direct entre l'état du site et les maladies. On pourrait cependant s'inquiéter de l'enfouissement d'ordures pendant 39 ans dans le sous-sol du quartier Saint-Michel, mais pas au Cirque du Soleil, semble-t-il.

Toute l'histoire du Cirque du Soleil étant basée sur l'audace et de curieux paris, on décide de transformer un *no*

man's land en un paradis urbain. Voilà une vision roman-
tique de la situation, mais il faut bien admettre que le site de
Saint-Michel est avantageux à plusieurs égards. D'abord, le
coût du terrain se chiffre à 1,10 $ le pied carré alors qu'il en
coûte entre 85 $ et 100 $ au centre-ville. La population qui
veut assainir son environnement accueille favorablement et
appuie l'implantation du Cirque du Soleil sur son territoire.

Et puis, surtout, c'est le seul site de la dimension de
trois terrains de football américain disponible à Montréal.
De plus, il y avait urgence à s'installer dans une demeure
fixe aux dimensions du nouveau bâtiment. Les différents
services du Cirque du Soleil étaient éparpillés en 16 endroits
différents.

« Il fallait traverser la ville au moins cinq fois par jour
pour rejoindre tout son monde. Les chauffeurs de taxi ont
perdu leurs meilleurs clients », raconte un des employés
cadres du Cirque.

À Saint-Michel, c'est rien de moins qu'un village de
cirque qu'on veut installer. Il se complétera en plusieurs
phases. On estime que les déchets enfouis ont déjà atteint
une certaine profondeur et qu'ils ne constituent aucun
danger. La carrière Miron, c'est de l'histoire ancienne : vive
le Cirque !

Le dernier souvenir qu'on a de la carrière Miron, c'est
ce jour où on a dynamité la longue cheminée en direct
devant les caméras de la télévision, il y a une vingtaine
d'années. Dernier vestige d'une carrière où on a creusé
dans le sol rocailleux, de 1914 jusqu'aux années 1970, pour
en extraire le calcaire afin de fabriquer du béton. Par la
suite, on a rempli l'immense trou avec des détritus pendant
des décennies. Maintenant, la ville s'acharne à récupérer le
site et à en faire un véritable parc. Ce n'est pas le seul, la

plupart des parcs de Montréal ont été construits sur d'anciens sites d'enfouissement.

Pour sa part, le projet du Cirque du Soleil a nécessité un investissement de 40 millions de dollars dont le tiers proviennent de subventions gouvernementales. C'est dans un bâtiment couvrant une superficie de 50 000 mètres carrés que Guy Laliberté et l'état-major du Cirque du Soleil reçoivent les représentants des médias à l'ouverture de leur nouveau siège social. Ce bâtiment, surnommé « Le Studio », abritera bientôt 500 employés. En plus des locaux administratifs du Cirque, l'immeuble comprend des gymnases, des salles d'entraînement, des ateliers de décors, de costumes et d'accessoires, un centre de documentation, une cafétéria ainsi qu'un emplacement pour l'école de cirque qui s'y installera dans les prochaines années.

C'est dans une atmosphère de fête que Guy Laliberté accueille, pour l'une des rares occasions, les journalistes du Québec et leur transmet son attachement à son pays d'origine.

« Le Studio permettra d'offrir un lieu de création unique aux artistes et aux artisans du cirque et, qui plus est, deviendra pour nous un carrefour artistique international. Nos débuts se sont faits ici et c'était important de conserver à Montréal le centre névralgique de nos opérations. »

L'autre cofondateur du Cirque du Soleil, Daniel Gauthier, va encore plus loin en affirmant que « Montréal est devenue la capitale mondiale du cirque ». De quoi faire rougir de plaisir le maire de Montréal, Pierre Bourque, qui parlait de la revitalisation de ce quartier, éprouvé par la fermeture de nombreuses usines dans ce secteur de la ville.

En 1997, on parle d'un village du Cirque du Soleil. Un village inventé, une bulle de rêve dans la ville. Déjà,

« Le Studio » nous plonge dans un monde différent. Le bureau de Guy Laliberté est ouvert au soleil, transparent, avec des murs de vitre qui laissent pénétrer la lumière.

Cet édifice, qui attire les regards par son originalité, est l'œuvre de Dan H. Hanganu, l'architecte d'origine roumaine le plus en demande au Québec. On lui doit le nouvel édifice de l'École des hautes études commerciales, celui du Département de design de l'UQAM et le musée de la Pointe-à-Callières dans le Vieux-Montréal. Hanganu a une prédilection pour les espaces ouverts sur eux-mêmes, exposant ainsi leurs viscères sur les espaces voisins....

Scéno Plus a été le maître d'œuvre du « Studio ». Cette firme montréalaise connue sur la scène internationale a été fondée en 1985 par Patrick Bergé. Entreprise d'experts-conseils, elle est spécialisée dans l'aménagement des lieux culturels, dans la planification d'équipement, dans la gestion et la réalisation de projets. On lui doit la rénovation du Théâtre du Rideau Vert, l'aménagement du Théâtre d'Aujourd'hui et l'amélioration des installations techniques de la salle Wilfrid-Pelletier à Montréal. Scéno Plus a surtout réalisé une première salle à Las Vegas pour y accueillir *Mystère* au Treasure Island. En 1997, Scéno Plus prépare d'autres mégaprojets dont celui de la création d'un cirque permanent en collaboration avec les entreprises Disney à Orlando.

Des entreprises québécoises à maturité

Les entreprises québécoises créées au début des années 1980 parviennent à maturité au milieu des années 1990. Il est intéressant de noter le même élan, un dynamisme de même nature et une ambition commune de franchir les frontières parmi tous ces créateurs, intéressant de noter également le même rythme de croissance, qui nous permet d'assister à leur reconnaissance sur la scène internationale et aussi à la défense de leur autonomie.

Si Québec Inc. est né au lendemain du référendum de 1980, l'aboutissement de l'entrepreneurship québécois se concrétise au lendemain du deuxième référendum en 1995, gagné de justesse par moins de 0,5 % des tenants du *statu quo* constitutionnel. À défaut de créer un pays, ces entrepreneurs vont changer le monde dans leur domaine respectif. Le Québec se construit une nouvelle réalité économique. Bombardier et Quebecor notamment connaissent un essor considérable sur l'échiquier international, mais ce sont les entreprises à caractère artistique qui explosent sur les scènes du monde.

La chanteuse Céline Dion a entrepris sa carrière à l'époque des fêtes foraines de Baie-Saint-Paul. Elle a chanté devant le pape au Stade olympique en 1984 et participé aux festivités de Québec 84, alors que le Cirque du Soleil y présentait sa première série de spectacles. En 1998, Céline Dion interprète la chanson-thème du film *Titanic – My heart will go on –* et remporte un Oscar lors de la cérémonie des Academy Awards. On peut parler d'un développement qui a suivi une courbe parallèle à celle de l'évolution du Cirque du Soleil. Le monde entier connaît le Cirque du Soleil et Céline Dion en 1997. La chanteuse s'entoure de musiciens, d'un gérant et d'administrateurs québécois et ne limite pas sa carrière aux États-Unis puisqu'elle enregistre également en France. Comme le Cirque du Soleil, c'est le monde entier qu'elle vise. De plus, elle confiera l'environnement scénique de ses prochains spectacles à Scéno Plus. Toutes les entreprises québécoises œuvrant à l'extérieur du Québec se rejoignent fatalement.

La même année, Jacques Villeneuve remporte le championnat mondial des coureurs automobiles de formule un devant son éternel rival, Michael Schumacher. Gilles Villeneuve, son père, a connu une mort tragique à Zolder en Belgique en 1982. Non seulement Jacques est-il champion du monde, mais il investit dans une nouvelle écurie, BAR, réalisant ainsi le rêve de son père. Guy Laliberté, féru de course automobile, s'intéresse de très près à l'évolution de Jacques et s'intègre peu à peu à la jet-set du monde de la formule un.

Les festivals organisés au cœur de la ville de Montréal, en été, ont définitivement atteint leur maturité et sont devenus, dans bien des cas, la référence pour de nombreux autres événements du genre sur la scène internationale. Le Festival Juste pour rire est devenu le plus grand festival d'humour du monde. Avec son volet anglophone, *Just for laugh*, ce festival, imaginé et administré par l'équipe de Gilbert Rozon, est constamment branché sur Los Angeles. Son volet francophone lui permet d'ouvrir un bureau à Paris, d'exporter des émissions humoristiques en France et d'embaucher les meilleurs comiques français.

Le Festival International de Jazz de Montréal a lui aussi acquis une réputation internationale qui lui permet de rivaliser avec le Kool Jazz Festival de New York, qu'il finira par supplanter. Ce festival aura permis de créer la maison de production Spectra Scène, le festival des FrancoFolies, le festival Sons et Lumières en hiver et toute une entreprise gérée par Alain Simard et André Ménard.

Dans les années 1980, un contemporain des Guy Laliberté, André Ménard, Daniel Gauthier et Gilbert Rozon, Daniel Langlois, né le 6 avril 1957, est un homme bouillonnant d'idées et discret qui travaille dans le sous-sol de sa maison. Il a réussi à créer un logiciel utilisant des techniques d'animation 3D assistées par ordinateur. Il fonde, en 1986, Softimage. Au début des opérations, Daniel Langlois avait besoin de 450 000 $ pour lancer son entreprise. Il ne disposait alors que de 50 000 $. De nombreux artistes ont investi dans Softimage, dont Michel Rivard et Yvon Deschamps, qui ont déboursé 10 000 $ chacun, un investissement qui a par la suite rapporté 800 000 $ à chacun et qui a permis à Deschamps d'acheter le manoir Rouville-Campbell.

L'un de ses premiers courts métrages d'animation faits sur ordinateur, *Tony La Peltrie*, est remarqué et Softimage enchaîne avec les effets spéciaux en 3D qu'il met au point pour *La guerre des étoiles, Titanic, Le parc Jurassique,* qui obtiennent un énorme succès au box-office. Reconnue dans le domaine du cinéma et de la création média pour ses technologies numériques d'avant-garde, Softimage est intégrée à Microsoft et ensuite vendue en 1998 à cette dernière.

Le magicien d'*O*

Steve Wynn rêve encore. Il a construit Le Mirage, Treasure Island et maintenant, il s'attaque à un projet plus spectaculaire, plus impressionnant et évidemment plus coûteux. Son plan initial est de construire l'hôtel le plus cher du monde, le Bellagio, qui coûtera 1,6 milliard de dollars, mais l'hôtel ne lui suffit pas. Stimulé par le succès de *Mystère*, qui attire les foules à l'hôtel Treasure Island, Wynn rêve au plus grand spectacle du monde pour mettre en évidence la splendeur de son hôtel, véritable joyau de Las Vegas. Le Bellagio ne sera peut-être pas son investissement le plus rentable, mais qu'importe, ce sera son hymne à la beauté du monde, sa réplique au mauvais goût, au toc et au clinquant. Dans cet hôtel de 3 005 chambres particulièrement luxueuses, il aménagera une galerie d'art regroupant les œuvres de ses peintres préférés, les impressionnistes, dont la valeur dépasse les 300 millions de dollars. Pour 10 $, les visiteurs et clients de l'hôtel pourront apprécier les peintures de Van Gogh, Monet, Renoir, Cézanne et Gauguin. De plus, au restaurant Picasso, les clients seront entourés d'œuvres originales du peintre. On n'avait jamais rien vu de tel à Las Vegas. L'art venait enfin d'y faire son entrée. Pour assortir la présence de ces tableaux, il fallait évidemment présenter un spectacle de qualité supérieure, d'inspiration européenne de préférence.

Wynn pense immédiatement à l'équipe du Cirque du Soleil et convoque Guy Laliberté ainsi que Franco Dragone.

«Avez-vous une idée folle pour lancer un nouveau spectacle pour moi?» demande-t-il d'entrée de jeu.

Cette idée folle viendra de lui. Bellagio est une ville italienne magnifique, tranquille, donnant sur le lac de Côme. Voilà ce qui l'intéresse : le lac de Côme. Il veut construire le plus grand lac artificiel du monde et y présenter un spectacle aquatique avec le Cirque du Soleil.

— Mais nous allons compétitionner avec *Mystère*, notre propre entreprise, fait remarquer Laliberté.

— Ce sera notre défi, rétorque Wynn. Parce que ce sera un *show* complètement différent. Un *show* unique en son genre. Un *show* que le monde entier voudra voir.»

Dragone, Laliberté et une bonne partie de l'équipe du Cirque du Soleil se rendent visiter tous les spectacles aquatiques de la région : les spectacles de dauphins, les spectacles nautiques, les aquariums géants. À leur retour, ils sont convaincus qu'un spectacle dans l'eau est la dernière chose à faire. Wynn demande l'impossible et il y tient mordicus.

Le Cirque du Soleil, qui avait toujours présenté des spectacles aériens jusque-là, n'avait aucune expertise en spectacle aquatique. À première vue, on pouvait facilement imaginer les obstacles en travaillant dans cette mer artificielle. Pire encore, Laliberté avait songé à mélanger le feu et l'eau dans une envolée lyrique. Il faut croire que le cracheur de feu sommeillait toujours en lui.

On a abandonné l'idée du feu sur scène, pour des raisons de sécurité, et aussi celle de ce lac grandiose couvrant, selon le plan initial de Wynn, la dimension de plus de trois terrains de football américain. La masse d'eau serait installée à l'intérieur d'un théâtre de 1 600 places.

— De quel budget pourrions-nous disposer ? s'informe Franco Dragone.

— Il n'y a pas de limites, réplique Wynn, tout fier de sa réponse.

Ce spectacle coûtera 100 millions de dollars et vaudra chaque cent investi. Le théâtre coûtera plus de 70 millions et le reste sera consacré à la production. Le théâtre comprendra 1 800 sièges et, du plus profond de la piscine au plafond, les ouvriers mesurent une distance de 145 pieds lors de la construction du théâtre. La piscine mesurera 100 pieds sur 150 pieds et pourra contenir 1,5 million de gallons d'eau. Sept leviers sont installés sous l'eau. Pas moins de 74 artistes et athlètes participeront au spectacle.

Dragone, finalement convaincu du projet, s'investit corps et âme dans ce spectacle au titre à saveur française, O. Il a réclamé un budget illimité et la construction rapide du théâtre afin de préparer longuement le spectacle. Finalement, la construction du théâtre a précédé celle de l'hôtel, donnant ainsi six mois de répétitions intensives et le temps de tout réinventer encore une fois.

Sylvie Fréchette, championne olympique en nage synchronisée avec une médaille d'or en 1992 aux Jeux de Barcelone, a été l'une des premières artistes sollicitées par le Cirque du Soleil. Elle occupera les fonctions d'artiste du spectacle et d'entraîneure.

Les artistes répéteront dans des conditions parfois difficiles, surtout au début.

« Il faut admettre que c'est un spectacle dangereux, raconte Sylvie Fréchette. La première fois que nous étions derrière le rideau de scène, c'était le noir total et nous étions sous l'eau. Des filles pleuraient. »

Il faut travailler dans des conditions nouvelles lorsqu'on présente un spectacle avec des artistes qui se retrouvent 17 pieds sous l'eau. Les maquillages ne résistent plus, les vêtements collent, on doit avoir facilement recours aux bonbonnes d'oxygène. Les ateliers du Cirque du Soleil sont particulièrement sollicités. Il faut tout repenser et adapter les costumes. Les acrobates ne peuvent plus utiliser de craie pour s'agripper à la barre métallique. On a imaginé des gants et un enduit spéciaux. Philippe Chartrand, un autre gymnaste olympique qui est associé au Cirque depuis neuf ans, doit s'habituer à un nouveau contexte.

« Les gymnastes ne sont pas des nageurs naturels en raison de leur masse musculaire et de leur faible taux de gras. Je peux nager tant que je suis en mouvement mais, dès que je m'arrête, je coule. »

Wynn a demandé l'impossible et voilà que l'impossible est en voie de se réaliser.

« Je fais entièrement confiance à Franco Dragone et c'est lui qui gère l'entière réalisation du projet mais parfois, sans prévenir, j'ouvre la porte du théâtre et je jette un coup d'œil aux répétitions... C'est stupéfiant ! »

Il n'est pas le seul à penser ainsi. Dragone a obtenu de Wynn la permission de recevoir jusqu'à 500 invités qui assistent à l'évolution du spectacle. Dragone observe minutieusement les réactions et écoute tout ce qui se dit pendant les répétitions. Chaque fois, il apprend. Chaque fois, il corrige un détail, que ce soit une lueur lumineuse, la position d'un artiste ou la musique. Et les gens sont déjà ébahis.

Le metteur en scène peaufine son travail avec l'obsession de la perfection. À entendre les observateurs même les plus avertis, il l'obtiendra ou presque.

La charge est accablante. Travailler avec l'eau est une entreprise colossale. Le metteur en scène ne peut s'appuyer sur aucune expérience précédente. Tout est à recommencer, à refaire, à revoir avec l'obstacle de ce million de gallons d'eau qu'il lui faut mater. Parfois c'est froid, parfois c'est chaud, parfois c'est l'ombre ou la lumière qui explose. Dragone se rapproche de tous les intervenants de cette périlleuse entreprise. Il veut l'harmonie, l'unité, la complicité totale dans ce spectacle. Il crée les liens, stimule, encourage, valorise. Il a atteint le sommet de son art et voilà que sa santé flanche. Il subit un arrêt cardiaque. Tout le monde a très peur, mais *the show must go on* et Franco reviendra.

Lorsqu'on apprend qu'il prépare déjà un nouveau spectacle permanent, *La Nouba*, à Orlando en Floride pour la fin de l'année 1998, on comprend qu'il risque d'y laisser sa santé. Ces deux spectacles signés Dragone marqueront la fin de son association avec le Cirque du Soleil. Le destin lui a envoyé un signe et il a compris.

La première du spectacle *O* est l'un des grands événements de Las Vegas. Les grands de l'industrie cinématographique y accourent en cette soirée d'octobre 1998. Steven Spielberg, James Cameron, Michael Douglas en sont. Le spectacle est magique. Inspiré par le concept d'infini, par le cercle de la vie comme l'anneau de mariage, *O* raconte le théâtre à travers les âges. Le théâtre de la scène, le théâtre de la vie. Un spectacle qu'on aura bien du mal à définir puisqu'il touche aux éléments de la vie que sont l'eau, l'air, la terre et le feu.

Les Américains n'ont pas oublié Esther Williams, cette nageuse qui avait envahi le grand écran dans les années 1940 et 1950 avec des productions toujours plus audacieuses, plus impressionnantes. Le Cirque du Soleil lui rend hommage dans ce spectacle tout aussi impressionnant.

Les jumelles Steben s'imposent également dans ce spectacle, avec leur numéro de trapèze à couper le souffle, comme elle l'ont fait dans *Saltimbanco*. La balançoire russe et le numéro des cerceaux aériens ont également soulevé la foule au théâtre du Bellagio en ce soir de première. Cette magie ne s'arrêtera plus et on fait salle comble depuis.

Une association avec Disney

La même année, le Cirque du Soleil s'installe en permanence : d'abord à Las Vegas, avec *O*, puis à Orlando en Floride sur le terrain du Walt Disney World Resort, côté ouest, avec *La Nouba*. Encore une fois, on a construit un théâtre spécialement pour la présentation en exclusivité de ce spectacle du Cirque. Il n'y a pas, chez Disney, la démesure des bâtisseurs d'hôtels de Las Vegas. Le Walt Disney Resort est un lieu plus conventionnel, plus mesuré et plus sage. Le théâtre dans lequel Franco Dragone signe son dernier spectacle a coûté 25 millions de dollars, il contient 1 671 places et est doté d'une scène ovale.

Dans la ville d'Orlando, du bout de la rue Down Town West Side Disney, un nouveau quartier du Disney World voué au divertissement pour adultes et au magasinage, on peut lire les lettres du Cirque du Soleil en gros caractères. La direction du Cirque a invité les journalistes non seulement pour souligner la présentation de la nouvelle production, mais également pour raconter sa nouvelle association avec les gens de Disney après de longues et laborieuses négociations.

«Ça nous a pris 10 ans pour qu'on s'entende avec Disney, explique Guy Laliberté, flanqué de Daniel Gauthier et de Gilles Ste-Croix. On discutait sérieusement, mais quand venait le temps de signer le contrat, les gens de Disney voulaient garder le contrôle artistique. Évidemment, il n'était pas question pour nous de céder à cette exigence. Les discussions étaient alors rompues. Il y a quatre ans, on a finalement rencontré le grand patron, Michel Eisner, et on a mis les choses au clair. Après, nous n'avons eu aucun problème. Même que les gens de Disney ne sont à peu près jamais venus aux répétitions et nous ont totalement fait confiance.»

Daniel Gauthier ajoute :

«Disney est un joueur majeur sur la planète en cinéma et en télévision et l'entreprise possède de gros moyens. On est heureux de travailler ensemble, mais il fallait que ce soit à nos conditions et la première c'était d'avoir le contrôle artistique.»

L'entente de 15 ans comprendra de nombreux spectacles. Le président de Walt Disney World, Al Weiss, affirme que d'autres projets sont à l'étude, sans donner plus de détails.

Le soir de la première, un spectateur particulièrement intéressé et tout à fait inattendu s'installe dans les gradins : Steve Wynn. La question est inévitable : Comment le concurrent de Disney, l'homme qui présente deux spectacles du Cirque du Soleil dans ses hôtels de Las Vegas, réagit-il à cette association du Cirque avec Disney?

« Qu'est-ce que je peux faire contre Michael Eisner? Al Weiss? Ces gens-là possèdent le monde. Je vais leur marcher sur les pieds et leur donner des coups de pied dans les chevilles... »

La première de *La Nouba,* mot emprunté à l'arabe maghrébin qui signifie « fête », d'où l'expression « faire la nouba » ou « faire la fête », a lieu le 23 décembre et sera le cadeau des fêtes offert aux nombreux visiteurs. Un cadeau qui coûtera tout de même 70 $ le billet pour les adultes et 40 $ pour les enfants.

Pour le monde fantastique de Disney, Dragone et le scénographe Michel Crête ont d'abord imaginé un conte de fées, une histoire simple qui n'a rien de dramatique et qui nous emmène dans l'univers de deux familles qui s'opposent par leur culture et leur mode de vie.

« On a essayé le conte de fées à la Disney, mais ça ne nous allait pas », raconte Michel Crête.

On revient alors au style Dragone, qui plonge le spectateur dans un monde qui n'est sûrement pas celui de Mickey Mouse. L'histoire se déroule dans un grenier plongé dans l'obscurité, habité par des souvenirs, des formes bizarroïdes et des êtres venus de la planète des songes. Le contraste oppose deux familles : celle du cirque avec toutes ses fantaisies, ses couleurs et sa joie de vivre en toute liberté et celle des urbains, des gens de la ville ancrés dans leurs habitudes et leurs servitudes. Encore cette opposition, cette lutte même, non pas entre le bien et le mal, mais entre la beauté et la laideur de l'existence. Dragone nous fait croire que les plus beaux rêves semblent dormir avec les pires cauchemars. Il veut réveiller les rêves d'enfants, ceux qui dorment encore en nous et qu'on croyait avoir perdus. *La Nouba,* c'est le réveil de la mémoire qui nous ramène dans le monde merveilleux de notre enfance.

Au début, la scène semble dépouillée, mais elle cache cinq platesformes élévatrices, une partie centrale qui peut s'enfoncer jusqu'à cinq mètres et deux téléphériques installés le long du mur arrière servant à déplacer les accessoires et le matériel de scène.

Environ 70 artistes, provenant de nombreux pays, font partie de ce spectacle. Jongleurs, acrobates, équilibristes selon la tradition du cirque se manifestent pendant les deux représentations quotidiennes de *La Nouba.*

Si *O* fait l'unanimité chez les critiques à Las Vegas, certains affirmant qu'il s'agit du plus grand spectacle jamais présenté, il n'en est pas de même pour *La Nouba,* qui ne produit pas le même enchantement. Le spectacle est bien reçu et, dans l'ensemble, les gens apprécient les effets spectaculaires, mais ce n'est plus la fièvre d'*O.* Comment pourrait-on recréer la magie d'*O*? Un tel état de grâce ne se répète pas deux fois. La réputation du Cirque du Soleil est telle que l'envoûtement a atteint un degré qui ne peut supporter les mauvaises critiques et l'échec éventuel. Le Cirque du Soleil est devenu un *must,* une référence de bon goût dans la société nord-américaine.

La même tiédeur se manifeste chez certains journalistes face à *Dralion,* créé à Montréal en 1999. À l'époque, j'en avais fait une critique plutôt négative, estimant que l'univers du Cirque du Soleil se rétrécissait avec *Dralion,* un spectacle esthétique, bien rodé comme toujours, mais sans émotion, sans humour délinquant, sans âme. Pourtant, l'idée première de réunir deux cultures, de jumeler l'est et l'ouest de la planète était intéressante. Et puis, le retour de Guy Caron, l'enfant prodigue du Cirque qui revenait en signant la mise en scène après une absence de 12 ans, était rafraîchissant. Celui de Gilles Ste-Croix à la direction artistique l'était tout autant. Il faut croire que le départ de Franco Dragone a laissé des plaies. C'est lui qui a façonné l'image, qui a sculpté le Cirque du Soleil, qui lui a ensuite donné une âme et un sens. Le remplacer est sans doute une tâche écrasante.

Party chez Laliberté

Les médias découvrent subitement qu'on fait la fête chaque année à la résidence de Guy Laliberté, située en montagne, dans le parc national de Saint-Bruno en banlieue sud de Montréal. Le domaine qu'y possède Laliberté ressemble à l'homme. Sur un vaste terrain donnant sur le lac du Moulin, les visiteurs peuvent voir ces maisons rassemblées qui semblent sortir d'un conte pour enfants. Une immense serre au deuxième, des couloirs entre les pièces et différentes formes donnent l'allure d'une maison de Schtroumpf. Elle est cependant estimée à 10 millions de dollars.

C'est là que le maître des lieux reçoit, à l'occasion du Grand Prix de Montréal, les plus grandes vedettes d'ici et d'ailleurs. C'est au milieu des années 1990, après avoir fait l'acquisition de cette demeure ancestrale, que Laliberté a commencé à organiser ce party qu'il voulait totalement privé... avec quelques centaines puis 1 000 invités. Un party tellement privé en fait que les médias ont rapporté qu'il s'agissait du plus gros sinon du meilleur party du monde. Du champagne qui coule à flots, des spectacles pendant toute la nuit et surtout des vedettes qu'on ne croyait jamais voir là. On a oublié de mentionner, cependant, les producteurs, hommes d'affaires de Las Vegas ou de Disney. Steve Wynn, Terri Lanni, le patron de MGM et leurs associés de Las Vegas ont participé à ces fêtes grandioses. Le but premier est de tester de nouveaux numéros de cirque devant les producteurs et d'élargir les contacts avec les gens de l'industrie du spectacle. Le deuxième but est d'amuser les pilotes de formule un ainsi que les propriétaires d'écurie. Si les pilotes aiment tant venir à Montréal, c'est aussi pour participer à cette fête. Schumacher, Coulthard, Niki Lauda y vont régulièrement.

Tout ce qu'on peut raconter de la fête, c'est le bruit qui assomme les voisins pendant toute la nuit. On a même pu apercevoir une chanteuse d'opéra sur une gondole de Venise qui a chanté assez fort pour se faire entendre partout dans le parc. Des acrobates et des jongleurs se produisent un peu partout sur le site et Laliberté lui-même crache le feu comme dans le bon vieux temps. Dans ce parc, pourtant si tranquille en temps normal, Guy Laliberté détient même une servitude sur le lac. Il a acquis ce droit en achetant le domaine qui appartenait à des familles riches du siècle dernier.

Des voisins ont tout de même porté plainte et, parmi eux, Daniel Gauthier, résidant du parc, à la fin des années 1990.

Alegria, le film

En 1999, Daniel Gauthier songe sérieusement à quitter ses fonctions de directeur général du Cirque, pour des «raisons personnelles». Il attend la bonne conjoncture. Nous sommes à l'approche d'un nouveau millénaire et Guy Laliberté se prépare à écrire le tome deux du Cirque du Soleil... sans Daniel Gauthier.

C'est à Berlin et à Amsterdam qu'on tourne la version cinématographique d'*Alegria*, sous la direction de Franco Dragone. Produit par Overseas Film Group, le film écrit par Rudy Barichello raconte l'histoire d'un mime, Frac (interprété par René Bazin), qui ne croit plus en son art et en la vie. Il rencontre un enfant du cirque, Momo (Clipper Miano), qui se lie d'amitié avec lui. Frac persiste tout de même à vouloir quitter ce monde insupportable et s'étend sur un rail de chemin de fer. L'enfant l'accompagne. Subitement, Frac pousse l'enfant, évite le train qui s'amène et découvre dans ce même train la femme qui va changer sa vie. Frac est amoureux.

Une histoire d'amour. Une histoire à la Fellini ou peut-être à la Chaplin. Le cinéma n'est pas le cirque et les critiques seront partagés. Dragone a vécu une expérience difficile et quitte l'Amérique pour retourner définitivement en Belgique.

Une croissance effrénée

S'il y a eu une crise de croissance en 1988, le millénaire s'achève avec une autre remise en question, qui secoue cette fois les dirigeants de l'entreprise. Comment gérer le monstre qu'est devenu le Cirque du Soleil? Parfois, Guy Laliberté,

Daniel Gauthier et Gilles Ste-Croix se pincent pour s'assurer qu'ils n'ont pas rêvé. Ce sont maintenant des millionnaires qui se rencontrent pour discuter de plans d'avenir. Nous sommes bien loin des amuseurs publics de 1984 qui cachaient leurs cheveux longs dans leur chemise pour solliciter des subventions aux banquiers et hommes d'affaires. On les sollicite maintenant. Combien de producteurs ont demandé à Franco Dragone de monter un autre spectacle dans la même veine qu'*O*? On ne peut même pas mentionner leur nom. Combien d'offres le Cirque du Soleil a-t-il refusées pour participer à des émissions spéciales à la télé ou pour s'associer à des producteurs de films? Steven Spielberg est du nombre. Les chapiteaux du Cirque du Soleil ont poussé comme des champignons un peu partout dans le monde et on le réclame aux quatre coins de la planète. En 1999, pas moins de 18 millions de personnes ont vu au moins un spectacle du Cirque du Soleil. Et selon la revue *Commerce,* les revenus devraient atteindre 420 millions de dollars en 2000. On compte toujours en dollars américains dans les bureaux du Cirque.

Gilles Ste-Croix est le premier à sonner l'heure des bilans :

« La croissance du Cirque du Soleil est effrayante, dit-il à des journalistes de Québec. Elle a doublé depuis deux ans et c'est pourquoi nous avons décidé de prendre le temps de bien regarder où on est rendus et de nous remettre en place avant de passer à autre chose. La demande est forte et on attend impatiemment les deux nouveaux spectacles que l'on doit mettre en route l'an prochain. Le Cirque est une machine humaine, mais est-elle humainement capable d'assumer tout ça? C'est ce à quoi nous réfléchissons présentement. On va écouter les gens. Ensuite, nous allons dresser un nouveau plan quinquennal qui comportera des défis et de nouveaux développements. »

Après avoir consulté Guy Laliberté, Ste-Croix se fait son porte-parole pour définir les plans d'avenir auxquels les deux hommes songent :

« Nous voyons le Cirque comme un projet qui continue d'évoluer et dont le développement devra passer par les secteurs de la production multimédia et des produits dérivés. Le fer de lance du Cirque demeure cependant le spectacle et la création. Nos produits dérivés sont d'ailleurs toujours basés sur cette créativité. »

La production de son premier long métrage, *Alegria*, annonce déjà l'avenir. Le Cirque du Soleil a l'intention de pénétrer dans les salles de cinéma ou dans les foyers par le biais de la télévision. Un cirque moderne ne semble pas vouloir se limiter aux chapiteaux. C'est du moins ce qu'on discute dans les bureaux.

Ste-Croix réfléchit tout haut :

« Le Cirque est devenu un organisme au rayonnement international, un organisme multiculturel et multiethnique qui a ses permanences en Europe, en Asie et en Amérique et tout ça, sous la même entité qu'est le Cirque du Soleil International à Montréal. Je ne crois pas que ça puisse être comparé à quoi que ce soit d'autre parce que c'est encore et toujours une entreprise dirigée par un producteur unique. Le fait que ce soit toujours entre les mains de deux personnes (Laliberté et Gauthier) fait que les orientations sont toujours très précises et qu'en bout de ligne le plan de développement repose sur la vision de Guy Laliberté. »

Les années 1998 et 1999 ont été particulièrement productives. On a monté trois spectacles d'envergure en peu de temps, en plus de produire un long métrage, comme si on voulait tout achever avant la fin du millénaire. Déjà, l'équipe a changé autour de Guy Caron, qui a signé la mise en scène de *Dralion*. Caron n'est pas un homme qui s'attache. Il carbure aux coups de cœur et c'est avec un coup de cœur qu'il a monté *Dralion* avec une équipe d'artistes majoritairement composé de Chinois (36 sur 52). Un vieux rêve qu'il entretenait depuis une dizaine d'années. Caron a réuni la culture chinoise et celle de l'Occident.

Évidemment, on se demande à l'été de 1999 si Caron succédera à Franco Dragone à titre de metteur en scène permanent du Cirque du Soleil.

« Le cirque est un lieu de passage », répondra laconiquement Gilles Ste-Croix.

Un mois après la première de *Dralion,* Caron renonce à une prochaine mise en scène.

Un homme seul

Durant l'année 2000 seulement, plus de six millions de personnes ont vu une production du Cirque du Soleil : trois spectacles permanents, quatre en tournée. Qui dans le monde du cirque peut en dire autant ? Le plus grand cirque du monde, c'est... Guy Laliberté. Il est parvenu à conquérir le monde et il ne lui reste plus qu'à faire la connaissance des extraterrestres, son rêve d'enfance. Il voulait faire le tour du monde en bateau. Y songe-t-il encore ? Au bout du compte, si on additionne tous ses déplacements, il a fait le tour du monde plusieurs fois par mer, par air et par terre. Il a pris ses distances avec la vie quotidienne du Cirque durant les dernières années. Il a beaucoup délégué. Il a laissé à Franco Dragone, à Gilles Ste-Croix, à Guy Caron et à Daniel

Gauthier le soin de mener sa barque quand il se trouvait pendant des mois aux Bermudes ou au Brésil.

Guy Laliberté vit sa vie à 200 kilomètres heure, en poussant toujours à fond sur l'accélérateur. Il n'a pas le génie de Dragone, la sagesse de Ste-Croix, l'esprit cartésien de Gauthier, mais il a toujours l'instinct du bagarreur de rue. Ses décisions sont rapides et sa capacité d'adaptation prodigieuse. Comme un chat sur un toit, il entend tout, voit tout, sait tout ce qui se passe dans sa cour.

Le Cirque du Soleil est au fait de sa popularité et l'administrateur Laliberté est comblé de trophées et d'hommages. L'entreprise a reçu une centaine de trophées provenant de New York, de Las Vegas, de Monaco, de Londres, pour récompenser la plupart de ses spectacles ainsi que ses productions audiovisuelles. Guy Laliberté a été choisi trois fois personnalité de la semaine par le journal *La Presse*, et même personnalité de l'année en 1988. Il a été nommé membre de l'Ordre national du Québec en 1997. En 2001, le World Leaders Festival lui rend hommage à Toronto. L'événement rassemble les chefs de file dans divers domaines artistiques et Laliberté se retrouve en compagnie de Robert Lepage et de Peter Gabriel. Ses parents et sa compagne l'accompagnent à cette occasion. Exceptionnellement, il accorde des entrevues aux gens des médias et raconte ses débuts de saltimbanque à Paris et à Londres. Le gestionnaire mesure sa réussite avec un plaisir non dissimulé.

L'homme a tout lieu de s'inquiéter. Alors qu'il franchit le cap de sa quarantaine qui précède de peu celui du millénaire, Laliberté entreprend une longue marche vers la solitude. Tous ceux qui ont participé au succès du Cirque du Soleil le quitteront à tour de rôle. A-t-il fait en sorte qu'il en soit ainsi? Peu probable. À long terme, cela pourrait le mettre en péril.

« Je serais prêt à tout perdre, à me retrouver sur un banc public et à tout recommencer demain », a-t-il déjà dit à Stéphan Bureau à la télévision de Radio-Canada. Possible, mais la machine du Cirque du Soleil est en branle et solide pour longtemps, autant qu'il peut l'être, lui, en demeurant toujours aussi tenace, toujours aussi ancré dans ses convictions, dans son monde. À sa manière, il est un homme fidèle qui n'a jamais voulu renier ou abandonner son cirque. Sony et Disney lui ont offert d'acheter le Cirque du Soleil à fort prix : sans doute plus d'un milliard de dollars américains. Il n'a jamais été même tenté d'envisager cette possibilité. Il est demeuré fidèle à son entreprise et aux gens qui la font évoluer. Probablement qu'il se sent responsable des 2 000 employés du Cirque.

En cette année 2000, le Cirque du Soleil se limite à produire un film, *Journey of Man*, en format IMAX.

Le film est produit par Cirque du Soleil Images, qui a remplacé Télémagik depuis 1997. Réalisé par Keith Melton, *Journey of Man* raconte l'évolution de l'homme de ses origines qui se perdent dans la nuit des temps jusqu'à la maturité. Une explosion de son, de lumière, pendant que les percussionnistes taikos soulignent l'apparition de l'enfant dans une caverne. Le mystère de la vie se dévoile poétiquement à la manière du Cirque du Soleil, avec ses personnages haut en couleur. Des acrobates, des nageurs, des trapézistes s'intègrent à l'évolution de la vie à toutes ses étapes.

C'est un beau film et pourtant, les critiques spécialisés s'acharnent. Le Cirque du Soleil doit faire ses classes dans les productions cinématographiques. Rien de catastrophique, mais la production n'a pas l'ampleur et la résonance de ses spectacles *live*, faut-il croire.

Laliberté s'occupe davantage de l'avenir et de son fameux tome deux en 2000. Le cofondateur du Cirque doit composer non seulement avec de nouveaux concepts mais aussi avec de nouveaux créateurs.

Le premier départ important a été celui de René Dupéré. Qui oubliera la musique d'*Alegria* et de *Saltimbanco*? Cette musique a été identifiée pendant une décennie au Cirque du Soleil. C'est Benoît Jutras, le directeur musical, qui a remplacé René Dupéré à titre de compositeur en 1995. Le cheminement artistique et personnel de Dupéré l'a amené à poursuivre seul sa carrière avec succès. Parmi ses grandes réalisations, il a composé la musique des célébrations entourant le retour de Hong-Kong à la Chine en 1997.

Départ de Gauthier

À la fin de l'année 2000, c'est une véritable bombe qui éclate lorsqu'on apprend la démission de Daniel Gauthier. Au tout début, ils étaient sept partenaires du Cirque du Soleil. Par la suite, ils n'étaient plus que deux et se complétaient à merveille, selon les observateurs. Et voilà que Guy Laliberté se retrouve seul à la barre de l'entreprise.

«J'ai toujours travaillé en ayant pour objectif de mettre en place une équipe forte et en santé, déclare Gauthier pour expliquer sa décision, une équipe qui serait bien établie et qui pourrait vivre par elle-même lorsque je partirais. Je pense qu'aujourd'hui le Cirque est comme un adolescent de 16 ans, prêt à se débrouiller sans un de ses parents.»

Gauthier, un être secret face aux médias, a fait mention également de raisons personnelles. On rapporte qu'il n'était pas d'accord avec certains projets de Laliberté, comme celui du complexe cirque, et avec ses comportements parfois trop délinquants. Mais Gauthier connaissait Laliberté depuis si longtemps, trop longtemps sûrement pour se formaliser des écarts de son ancien camarade d'école.

On pourrait spéculer longtemps sur les raisons qui ont incité Gauthier à quitter le Cirque du Soleil. Une supposition parmi d'autres. Gauthier connaît fort bien les intentions de Guy Laliberté, qui songe sérieusement à investir dans des complexes de cirque à travers le monde. Le risque est colossal, même si ce projet implique la participation financière de nombreux partenaires. Gauthier est conscient que Dragone a quitté le cirque et qu'il faudra trouver d'autres metteurs en scène de grand calibre pour assurer la continuité. Il est conscient que le Cirque du Soleil se diversifie, se réoriente dans des domaines où il n'a pas une grande expertise. Il ne supporte pas aussi bien l'aventure, l'inconnu et le danger que Laliberté. Il préfère battre en retraite, retirer un bon montant d'argent avant que le Cirque investisse dans des entreprises périlleuses qui pourraient vider ses caisses. Pures spéculations…

Estimant la valeur du Cirque du Soleil à 800 millions de dollars en 2000, Daniel Gauthier et Guy Laliberté se sont entendus pour que ce dernier achète la part de Gauthier pour un montant de 483 millions de dollars. Cette transaction est importante puisqu'elle implique l'avenir même du Cirque du Soleil. La valeur du Cirque n'inclut pas le montant liquide dont dispose le Cirque du Soleil, propriété de Guy Laliberté. Alors, ce dernier doit emprunter la somme. Remarquez bien qu'à ce stade-ci de l'éventuelle transaction il ne négocie manifestement pas et accepte rapidement d'acheter la part de Gauthier au prix demandé, comme s'il y avait urgence, comme si l'occasion était trop belle de prendre totalement les commandes du Cirque avec les pleins pouvoirs.

Alors, Laliberté emprunte une forte somme d'argent (montant non divulgué évidemment) pour conclure la transaction. Les compagnies prêteuses exigent la formation d'un comité des sages afin d'avoir un droit de regard sur le fonctionnement de la compagnie, dirigée uniquement par Guy Laliberté, presque un comité de surveillance, dont l'identité des membres demeure secrète.

Gauthier a par la suite investi une partie de l'argent reçu pour le développement du centre de ski Le Massif à Charlevoix, soit 9,2 millions de dollars dans un premier temps et 15,8 millions de dollars répartis sur les 4 années suivantes. Résultat : des pistes de ski à faire rêver dans le décor enchanteur de Charlevoix et la montagne située sur l'autre versant d'une Auberge de jeunesse qui doit lui rappeler bien des souvenirs. C'est comme si Daniel Gauthier n'avait jamais voulu quitter tout à fait ses souvenirs.

Le tome deux

Guy Laliberté décide par la suite d'embaucher le président et chef de la direction du réseau de télévision TVA, Daniel Lamarre. Celui-ci remplacera Gauthier, devenant ainsi le bras droit de Laliberté, mais il ne sera pas partenaire ou associé. Il sera employé du Cirque du Soleil et il aura pour tâche de diriger les complexes de divertissement du Cirque du Soleil, l'audiovisuel et le multimédia (Cirque du Soleil Images), l'hôtellerie et la restauration, le commerce de détail et les produits dérivés ainsi que les nouvelles formes de divertissement.

Au cours de la conférence de presse qui annonçait la nomination de Daniel Lamarre, Laliberté se trouvait à

Londres et c'est par vidéo que son message fut transmis, le 11 décembre 2000.

« Nous voyons les 16 premières années du Cirque du Soleil comme l'écriture du tome un de notre histoire, dit-il. À partir de 2001, nous commençons le tome deux. »

Laliberté dévoile le même jour, à Londres, son projet d'un complexe de divertissement. Il s'agit d'un centre d'arts, de divertissement, de technologie et de tourisme que le Cirque aménagera dans l'ancienne centrale électrique de Battersea, sur la rive sud de la Tamise. Avec son partenaire, le promoteur Parkview International, le Cirque du Soleil entend ainsi contribuer à l'un des plus importants projets de réhabilitation de sites urbains en Europe. Laliberté mentionne que le Cirque du Soleil entend établir d'autres complexes du genre à Hong-Kong, New York, Las Vegas et deux autres villes qu'il refuse de préciser. Soulignons qu'il n'est pas encore question de Montréal. Ce projet, qui comprend la construction d'hôtels de conception révolutionnaire avec clowns de service et décors de cirque, en étonnera plusieurs. Avec un investissement qui frôle le milliard, on comprend mal l'implication du Cirque du Soleil dans l'hôtellerie. Certains observateurs estiment que Daniel Gauthier ne devait pas approuver ce projet, qui nous fait penser à ceux de Wynn à Las Vegas.

Wynn cause d'ailleurs tout un émoi en annonçant, en 2000, la vente de ses trois hôtels – le Mirage, Treasure Island et le Bellagio – à l'entreprise MGM Resort, pour la somme de 6,4 milliards de dollars. L'homme qui a ouvert les portes de Las Vegas au Cirque du Soleil n'est plus le maître à bord. On spécule sur les raisons de cette transaction, prétendant que Wynn s'est trop endetté, que son entreprise n'est pas si rentable ou qu'il a trop investi dans le

Bellagio. C'est Kirk Kerkorian qui devient l'homme fort de Las Vegas. Le président de MGM Resorts continue d'administrer les hôtels et les salles de spectacle qui présentent les productions du Cirque du Soleil. Homme discret, réservé, il confie la gestion de son entreprise à J. Terrence Lanni, que les gens du Cirque du Soleil connaissent bien. Ce dernier avait refusé le spectacle *Mystère* alors qu'il était à la direction du Caesars Palace, 10 ans plus tôt. Avec le succès des deux productions du Cirque à Las Vegas, son opinion a changé depuis et Lanni est devenu l'un des familiers de Guy Laliberté. Il participe même à sa fameuse fête à Saint-Bruno.

Steve Wynn n'a pas pour autant disparu. Avec l'argent tiré de sa transaction avec MGM Resorts, il a acheté le Desert Inn, l'hôtel qui appartenait à Howard Hugues et où il est décédé. En peu de temps, Wynn a fait démolir l'édifice pour y bâtir un autre hôtel de rêve, qu'il nommera justement Le rêve, inspiré d'une toile de Picasso. Il investira 270 millions de dollars dans cette entreprise.

Le rêve de Gilles Ste-Croix

Un autre départ inattendu, un autre rêve qui se réalise. Celui de Gilles Ste-Croix. L'homme n'a pas oublié les chevaux de son enfance et veut lancer un cirque. Un cirque avec des animaux. Des chevaux. Il fait part de son projet à Guy Laliberté et suggère d'intégrer des chevaux au spectacle *O*, plus particulièrement dans le numéro de carrousel des jumelles Steben. Laliberté lui répond qu'il lui est désormais impossible de s'associer de quelque façon que ce soit avec ce genre de cirque. L'image de l'entreprise ne le lui permet pas. Il lui offre cependant de le soutenir financièrement. L'entreprise coûtera au départ neuf millions de dollars. Laliberté investit quelques millions, de même que Daniel Gauthier, qui n'a pas rompu ses liens avec ses amis même s'il a quitté le Cirque. À la même époque, Normand Latourelle avait déjà annoncé qu'il produirait lui aussi un spectacle équestre : *Voltige*. La production sera subitement annulée, faute d'investisseurs.

Ainsi naît le Cheval-Théâtre, cirque dirigé par Gilles Ste-Croix qui met en évidence l'adresse des chevaux dans un contexte ressemblant à celui du Cirque du Soleil : musique originale, superbes costumes, chapiteau d'allure médiévale. La première du spectacle a lieu à Montréal en mai 2001 et l'entreprise est prometteuse. Gilles Ste-Croix rayonne en voyant les médias accourir pour l'événement. Après une tournée au Québec, Cheval-Théâtre devient le théâtre Cheval pour les Américains, qui accueillent Gilles Ste-Croix et ses chevaux d'Andalousie. Dans ce pays de cow-boys, le spectacle remporte un beau succès, particulièrement à Las Vegas. Ste-Croix est en terrain connu et son affiliation avec le Cirque du Soleil n'a certainement pas nui à l'intérêt des Américains pour ce spectacle de chevaux à la mode québécoise.

La tournée s'annonce fructueuse et Ste-Croix songe déjà à l'Europe et à une tournée de plusieurs années, lorsque surviennent les événements tragiques du 11 septembre 2001 à New York. La panique s'est installée dans la ville et la tension monte un peu partout aux États-Unis. Toutes les salles de spectacle du pays subissent une baisse notable d'affluence. Les gens craignent les rassemblements publics et restent à la maison. Ste-Croix subit douloureusement les contrecoups de cette panique générale. Les spectateurs se font plus rares et il encaisse finalement une perte de trois millions de dollars lors de cette tournée. Il aurait pu invoquer une situation incontrôlable, obtenir un dédommagement en cour et quitter les lieux, mais non, il s'acharne et croit toujours en son rêve. Il tente par la suite de relancer Cheval-Théâtre en Europe. Peine perdue. Cet homme qui m'a particulièrement aidé à entreprendre la rédaction de ce livre est *in communicato*. Il ne retourne plus les appels. J'apprendrai avec tristesse que Gilles Ste-Croix a fermé son théâtre et a dû vendre à l'encan ses chevaux et son matériel de scène. Il est retourné depuis dans l'administration du Cirque du Soleil. Par un curieux hasard, Normand Latourelle refait surface alors qu'il se prépare à relancer *Voltige*, une entreprise qu'il sait périlleuse. Pourtant, il n'est pas question de vendre quoi que ce soit provenant du matériel de scène de Gilles Ste-Croix à Normand Latourelle. Cela aurait été dans l'ordre des choses entre deux amis, mais Laliberté a bloqué la transaction.

Les recrues

Au Cirque du Soleil, il n'y a pas que les membres de la direction et les créateurs qu'il faut remplacer. On oublie souvent ceux qui constituent la matière première des spectacles de cirque : les artistes. D'eux dépendent le succès et la viabilité de l'entreprise. Et avec la croissance phénoménale du Cirque, il a fallu très tôt prévoir les remplacements et la relève. On peut mieux parler de prospérité, d'une demande croissante partout dans le monde et de spectacles flamboyants, mais il faut constamment des artistes de qualité pour suffire à la demande ou aussi pour remplacer les athlètes malades, blessés, à la retraite ou parvenus à la fin d'un contrat non renouvelé.

Au fur et à mesure que les tournées se multipliaient, il a fallu très tôt préparer une relève et solliciter des auditions un peu partout dans le monde.

L'École nationale de cirque de Montréal n'est pas l'unique réservoir de talents du Cirque du Soleil. Il fait appel à toutes les écoles de cirque du monde et à tous les talents qu'il remarque sur la planète. L'École nationale forme des artistes. Évidemment, les étudiants préfèrent le Cirque du Soleil lorsqu'ils sont québécois ou canadiens, mais une ouverture peut se présenter à New York, à Paris ou à Rome.

Le Cirque du Soleil forme donc ses propres artistes et est constamment à la recherche de jeunes recrues. Il commande des auditions à ses bureaux une fois par mois. On fait parvenir au quartier général à Montréal un CV, une vidéo des performances des candidats et, par la suite, un comité choisit parmi ces candidats quelques talents remarquables qui seront invités à suivre une formation d'artiste de cirque.

Pendant les quatre mois de cette formation, l'athlète sera transformé en artiste de cirque aux frais du Cirque du Soleil. Il sera payé 950 $ par mois, logement et nourriture compris.

Par la suite, il ne sera pas forcément embauché parce que la concurrence et les exigences sont très élevées, mais il devra rester à la disposition du Cirque pendant six mois sans salaire. Si on l'embauche, il devra signer un contrat de deux ans au minimum, le Cirque décidant alors de son affectation. Dans la plupart des cas, c'est une vie de nomade qui l'attend, avec six à huit changements de résidence par année.

On traite bien les artistes au Cirque du Soleil : hôtel quatre étoiles, piscine, sauna, physiothérapeutes, massothérapeutes et cantine mobile où l'on vous sert des plats comme à la maison. La recrue qui refuse les conditions imposées par le Cirque après sa formation devra rembourser les dépenses encourues durant son stage de quatre mois.

Les nouveaux artistes sont payés environ 3 000 $ par mois au Cirque du Soleil, alors que les plus expérimentés touchent près de 6 000 $, nourris et logés. On parle ici d'artistes à emplois divers et non d'artistes spécialisés ou de vedettes établies qui accomplissent des numéros exceptionnels, quoiqu'il ne soit pas dans la politique du Cirque du Soleil de privilégier des noms et des visages. On comprend et on admet cette politique quand on sait que des troupes différentes se forment autour d'un même spectacle et que la quantité de représentations ne permet pas toujours de s'en remettre aux mêmes artistes. On les préfère donc masqués, anonymes, mais toujours aussi performants dans la peau du personnage.

Monde fascinant, monde étrange que celui des saltimbanques, qui voyagent et qui semblent s'amuser constamment en travaillant. L'image est rassurante, joyeuse, mais la réalité, d'un hôtel à l'autre, loin des amis et de la famille, peut être tout autre. Les artistes sont à la merci des décisions de l'administration du Cirque. Ils y sont mieux traités et mieux payés que dans la grande majorité des autres cirques du monde, mais ils ont tout de même peu de recours, peu de sécurité et ils ne sont pas syndiqués. Le syndicat et le monde du cirque ne font pas bon ménage depuis fort longtemps. Une tentative de l'Union des Artistes en ce sens a déjà échoué avec les employés du Cirque du Soleil.

Du sang neuf

Il faudra attendre trois ans après la production de *Dralion* avant que le Cirque du Soleil présente une nouvelle production sous son chapiteau bleu et jaune. Guy Laliberté a ouvert le tome deux de son grand livre du Cirque du Soleil et il y inscrit déjà plusieurs nouveaux noms. L'engagement de Daniel Lamarre, un homme de la télévision, trahit une intention bien arrêtée d'envahir le monde du multimédia. Le patron songe toujours à son projet d'un centre de divertissement qu'il veut développer à l'échelle internationale, mais voilà que Londres se désiste. Laliberté n'en démord pas et se tourne vers Montréal. Avant de dévoiler ses intentions à la Chambre de commerce, il doit songer au prochain spectacle, qui ne saurait plus attendre. Le Cirque du Soleil doit mettre sur pied une nouvelle production pour satisfaire à la demande et pour nourrir ses inconditionnels du monde entier. Sept spectacles sont déjà présentés, mais le Cirque du Soleil a besoin de sang neuf.

Le théâtre québécois

La direction n'est pas sans savoir que le Québec regorge de jeunes troupes de théâtre, de comédiens et de metteurs en scène qui ont, ces dernières années, révolutionné le théâtre québécois. L'audace, la créativité, l'invention sont vérifiables au sein de ces jeunes troupes. Le théâtre de création québécois parcourt régulièrement les festivals des grandes capitales d'Europe, d'Asie et d'Amérique. Carbone 14, Les Deux Mondes, Le Théâtre sans fil, les productions Ex Cathedra, le Théâtre Ubu ont présenté des spectacles un peu partout dans le monde depuis plusieurs années. Et parmi les artisans de ces succès internationaux se détachent les noms de metteurs en scène novateurs, audacieux et parfois tout simplement géniaux acclamés par les critiques de plusieurs pays. Robert Lepage, Denis Marleau,

Serge Denoncourt, René Richard Cyr et Dominic Champagne sont de ceux-là.

C'est dans ce riche lot que le Cirque du Soleil a puisé les metteurs en scène de ses prochaines productions, soit Dominic Champagne, René Richard Cyr et Robert Lepage, ce dernier ayant déjà monté des œuvres de Shakespeare qui ont étonné même les Anglais.

On a d'abord choisi Dominic Champagne parce qu'il a signé la mise en scène de l'*Odyssée* d'Homère, une pièce qui ressemble, par son rythme, par son souffle et par ses nombreuses références mythologiques, à l'univers du Cirque du Soleil. En faisant appel à Champagne, le cirque québécois maintient son lien étroit avec le théâtre, une association qui en a fait son succès jusqu'à maintenant.

Champagne avait monté auparavant *Cabaret neiges noires*, *Lolita*, *Cité interdite*, des œuvres audacieuses, novatrices qui rejoignaient une nouvelle génération de spectateurs. Au Cirque du Soleil, Champagne a rapidement trouvé le rythme, l'esprit et l'énergie pertinents. Il s'est imposé dans un monde qu'il ne connaissait pas et a signé une œuvre qui fera le tour du monde.

Présentée en première à Montréal en mai 2002, *Varekai* annonce le cirque des années 2000. Autour du nouveau meneur, une nouvelle équipe. Avec des costumes de Eiko Ishioka, la musique de Violaine Corradi, la scénographie de Stéphane Roy et 50 artistes de 13 pays différents, Champagne nous raconte les péripéties d'un jeune homme parachuté dans un lieu étrange habité par des créatures aux mille métamorphoses. Un monde où tout devient possible. La magie est revenue avec les balançoires russes, le trapèze triple, l'illusion du patinage, le solo en béquilles et les météores qui glissent sur l'eau. *Varekai* aura sûrement une longue vie.

La rancune de Guy Laliberté

À la première de *Varekai*, il n'y a pas de billets pour la journaliste de *La Presse* Nathalie Petrowski. Elle n'a pas réussi, non plus, à obtenir une entrevue avec Guy Laliberté. Il n'y avait plus de billets disponibles aux guichets du Cirque et c'est finalement une auditrice d'une émission de radio du matin à CKAC qui lui en a procuré. On avait reçu l'ordre de ne pas remettre de billets de presse à Mme Petrowski et on avait annulé l'entrevue avec le président.

« Douze ans après avoir tourné le film *Un cirque en Amérique*, Guy Laliberté n'avait pas oublié. Je l'ai rencontré avant son discours à la Chambre de commerce et il a failli me sauter dans la face tellement il était enragé, raconte Nathalie Petrowski. J'ai déjà eu des problèmes avec des artistes qui ont toujours fini par oublier et passer l'éponge, mais pas question d'oublier avec Guy Laliberté, qui est l'être le plus rancunier que j'ai connu. En 1989, il était pourtant d'accord pour que je tourne le film et il me semblait satisfait du travail. Eh bien non ! Il m'a engueulée devant plein de monde quand je l'ai rencontré. Il n'avait pas aimé mon article, que j'ai écrit à la manière Petrowski, et tout a été annulé. Ce n'est pas un être facile, mais je dois dire par contre qu'il est attaché à son cirque, qu'il n'a jamais voulu vendre. Et puis, il fallait être un tueur pour réussir comme il l'a fait. »

Nathalie avait eu la mauvaise idée d'écrire dans sa chronique sur Laliberté que Montréal semble être la seule ville où ses rêves hôteliers ont une chance de voir le jour : « Autrement dit, quand la plus belle fille est inaccessible, tu te rabats sur son amie ou sa cousine, moins jolie mais disponible... Montréal est une ville dont il ne se préoccupe plus depuis bon nombre d'années. »

Passions intimes

Guy Laliberté subit une pression énorme en 2002. Tout va très vite autour de lui et tout le menace. D'abord, sa compagne a entamé des procédures de divorce. Puis, son complexe de divertissement vacille. Il a de nouvelles responsabilités à titre d'unique propriétaire du Cirque du Soleil et vit le stress lié à un nouveau spectacle monté par un nouveau metteur en scène (Dominic Champagne). Et voilà Nathalie qui se demande « ce qu'il fait avec ses skis dans ce projet de complexe de cirque ».

Heureusement que tout va vite en auto, en bateau et en moto, les grandes passions de Guy Laliberté. Depuis cinq ou six ans, il court le monde de la formule un. Il est un intime de Bernie Ecclestone, le grand manitou d'un autre cirque, celui des Grands Prix de formule un. Il compte aussi parmi les proches de l'équipe de Ferrari. Il est un ami de Craig Pollock chez BAR. Laliberté fréquente évidemment l'écurie de Jacques Villeneuve. Il invite tous ces gens-là à ses soirées, chez lui à Saint-Bruno. Depuis des années, il multiplie les contacts. Il connaît bon nombre de personnalités qui font partie de la jet-set internationale, qu'ils soient chanteurs, acteurs, couturiers, producteurs, mais sa grande passion demeure tout de même la course automobile et ses grands manitous.

C'est là qu'on découvre un autre Guy Laliberté, qui retrouve son enfance, ses idoles et s'amuse comme un gamin, sans provoquer et contrôler qui que ce soit. Il redevient l'enfant qui s'amusait pendant les fêtes de ses parents.

L'enfant qui riait, qui jouait de l'accordéon, qui racontait des histoires et qui ne rêvait que de liberté et de grands voyages. Justement, il voyage sans cesse d'un Grand Prix à l'autre sans jamais prendre le temps de bien dormir. D'une capitale à l'autre, il a volé durant la nuit sans trouver le sommeil.

La F1, c'est sa famille et quand l'oncle Ecclestone lui propose une nouvelle Ferrari F50, il jubile comme un enfant. Oui! il l'aura son jouet, qui vaut près d'un million de dollars et qu'on fabrique chez Ferrari en se limitant à 349 copies dans le monde (seul exemplaire en Amérique). Disposant d'une «passe rouge», Guy Laliberté se promène régulièrement dans tous les paddocks. Il s'évade aussi avec les coureurs David Coulthard ou Mika Häkkinen sur un yacht pour y faire la fête.

Passionné d'autos, Laliberté possède une douzaine de bolides, dont il dispose dans l'une ou l'autre de ses nombreuses résidences dans le monde. Parmi cette collection à faire rêver, il opte, selon son humeur, pour la Jaguar XKE, la Ferrari F40 ou F50, la Porsche 911 ou GT2 ou la 911 Carera, à moins qu'il ne se contente de la Mercedes Benz CL, de sa Lexus 4X4 ou de son Range Rover. Il dispose également d'une moto Kawasaki, et quand il doit aller encore plus vite, pour se rendre au Brésil ou à Monaco, il utilise son jet privé C-GCDS Challenger, d'une valeur de 25 millions de dollars.

On le voit fréquemment avec George Harrison, non pas parce celui-ci est un ex-Beatles mais surtout parce qu'il est un mordu de la course automobile. Ecclestone a d'ailleurs déjà demandé à Laliberté de lui préparer le terrain pour un éventuel Grand Prix à Las Vegas qui pourrait allier cirque et course automobile. Laliberté préfère sans doute ne pas mélanger le plaisir et le travail. La course automobile, c'est son refuge, son évasion.

Laliberté a aussi d'autres passions. Il aime les femmes depuis toujours et, de préférence, celles qui ont des allures de mannequin et une peau cuivrée évoquant l'exotisme. Jamais il ne s'est caché pour faire étalage de ses conquêtes, surtout pas parmi les membres de l'équipe de son cirque. Un de ses ex-employés m'a d'ailleurs fait parvenir, en toute bonne foi, un fichier contenant une série de photos où l'on voit Laliberté à l'œuvre lors d'une partouze sur un yacht en compagnie du coureur automobile David Coulthard. Un *paparazzi* italien a réussi, avec un téléobjectif puissant je suppose, à immortaliser les ébats de Laliberté avec deux jolies femmes d'allure hispanique sous le regard de Coulthard.

Après avoir eu connaissance de ces photos, la compagne de Laliberté, Rizia Moreira, a entrepris une requête en Cour supérieure pour garde d'enfants, pension alimentaire, somme globale, usage de la résidence familiale, provision pour frais et ordonnance intérimaire en février 2002. Jusque-là, rien qui puisse choquer les mœurs au Québec. Cette requête attire l'attention cependant lorsqu'on apprend que la dame réclame la coquette somme de 50 millions de dollars «pour acquérir mon autonomie et ne plus dépendre de l'intimé et de son bon vouloir».

Constamment en voyage, préoccupé par ses affaires qui le retiennent dans les grandes capitales du monde, Laliberté a choisi l'indépendance depuis longtemps. Se disant traitée comme une enfant, négligée et maltraitée moralement et physiquement, sa compagne n'hésite pas à réclamer un montant «que l'intimité a les moyens de payer». Pour des raisons inconnues, une ordonnance de la cour empêche la publication de la requête de Rizia Moreira.

Cette affaire sera finalement réglée hors cour, alors que Guy Laliberté versera un montant inférieur mais « raisonnable » à la mère de ses trois enfants. Il sera vu publiquement par la suite avec le mannequin Noami Campbell et des photos du couple seront publiées dans divers journaux et revues new-yorkais.

Que sont les amis devenus ?

Pendant ce temps, un homme ne veut plus quitter son pays d'adoption. Il veut lui rendre ce qu'il a reçu, enfant. Il a installé une maison de production nommée Dragone et il attend de la grande visite. La chanteuse la plus populaire au monde s'amène à La Louvière, une ville située à 50 kilomètres au sud de Bruxelles.

« Les gens qui veulent travailler avec moi doivent venir à La Louvière », répète souvent Dragone, qui va sûrement provoquer des embouteillages dans sa ville d'adoption.

Céline Dion s'installera pendant trois mois à La Louvière pour préparer son grand retour sur scène après une absence de deux ans. Elle ne voulait personne d'autre que Franco Dragone pour monter le spectacle qui sera présenté dans un Coliseum bâti pour elle au Caesars Palace de Las Vegas.

« Je suis allée voir le spectacle *O* et j'ai été tellement bouleversée que j'ai dit à René [Angélil] que c'était ça que je voulais faire », raconte inlassablement la diva québécoise aux journalistes. Et elle l'a fait parce que Dragone travaille avec des athlètes, des êtres instinctifs, des passionnés qui n'ont jamais fait de théâtre et Céline Dion c'est d'abord une athlète qui a su dompter son corps et son talent. Qui douterait qu'elle soit instinctive et passionnée ?

Elle chantera, elle dansera, elle volera entourée de 70 danseurs, acrobates et musiciens dans un édifice pouvant contenir 4 000 spectateurs. Le spectacle, c'est aussi du cirque. Deux supervedettes se sont rencontrées et fondues pour trois ans : le Cirque du Soleil et Céline Dion. Dire que Steve Wynn, pressenti pour produire le spectacle de Céline, a refusé ! Il ne croyait pas qu'un spectacle de music-hall puisse attirer 4 000 personnes tous les jours pendant 3 ans.

Steve Wynn et les autres

Mais que devient Steve Wynn ? Il a tout balancé pour se consacrer à la réalisation de son... Rêve, qui grandit : un hôtel qui, finalement, lui coûtera 2,4 milliards de dollars. Wynn a vendu ses hôtels et une bonne partie de ses tableaux de collection. Il a tout laissé et n'a emporté avec lui qu'une seule chose : le contrat de Franco Dragone. Wynn adore Franco Dragone et ne pouvait imaginer construire un nouvel hôtel sans être assuré de sa présence. Dragone sera directeur des spectacles présentés à l'hôtel Le rêve. Il est toujours en deuil du Cirque du Soleil. On n'oublie pas facilement 15 ans d'association. Il y a tout lieu de croire que le Cirque fera appel à ses services sur une base contractuelle dans les années à venir, mais, pour l'instant, Dragone peaufine son spectacle avec Céline Dion. Il lui faudra peut-être un an de représentations avant d'avoir apporté tous les ajustements nécessaires et enfin oublier.

Il n'y a pas de mésentente manifeste entre Dragone et Guy Laliberté, qui lui souhaite officiellement la meilleure des chances dans toutes ses entreprises, mais la rupture entre les deux semble douloureuse. Laliberté sait fort bien qu'il a perdu l'homme qui a donné au Cirque du Soleil ses couleurs. Dragone aura été son meilleur metteur en scène.

Lorsque Terry Lanni, membre du conseil d'administration de MGM, commente l'entente qui le lie au Cirque du Soleil, je perçois une forte volonté de ne pas souligner le départ de Dragone :

« Je suis heureux d'être associé au Cirque du Soleil. Personne n'a un palmarès comparable à celui de son président, Guy Laliberté. J'ai vu bien des gens qui avaient de bonnes idées, mais personne n'a su les mettre en œuvre comme il a su le faire. Il est entouré d'une solide équipe et l'infrastructure du Cirque est incomparable. »

Steve Wynn réplique, non pas en paroles mais une fois de plus par du gigantisme. Avec ses 2 700 chambres, son hôtel proposera à sa clientèle fortunée 18 restaurants, un terrain de golf, un garage concessionnaire Ferrari et Maserati, un lac et une montagne d'une hauteur de 8 étages juste en face du complexe. Et surtout, un spectacle signé Dragone. Enfin, Wynn décide, à la fin de l'été 2003, de renommer son hôtel Wynn Las Vegas à la suite d'une étude de marché qui indiquait que le nom de Wynn, le principal artisan du renouveau à Las Vegas, était plus attrayant que Le Rêve. Le principal intéressé, qui n'a jamais péché par excès d'humilité, n'a jamais contesté la conclusion de cette étude. L'hôtel Wynn Las Vegas ouvrira donc ses portes en mars 2005 et son propriétaire entend bien y privilégier l'art et le spectacle.

« Les hôtels finissent tous par se ressembler. Ce qui fait la différence, ce qui m'intéresse dans tout ça, c'est le spectacle, *l'entertainement.* »

Le gigantisme l'emporte à Las Vegas. Steve Wynn va-t-il y résister longtemps ? Va-t-il s'acharner à donner à cette ville des lettres et des tableaux de noblesse ?

On apprend qu'un milliardaire canadien, Michael Henderson, songe sérieusement à la construction d'un casino de 10 000 chambres qui aura 2 fois la taille de MGM et 3 fois celle du Bellagio. The Moon coûtera 5 milliards de dollars et sera doté d'un casino en forme de lune. La salle de spectacle pourra recevoir 60 000 spectateurs. La maquette a été présentée et il ne reste plus qu'à trouver un promoteur.

Crazy Hotels

En ce début de millénaire, le projet qui importe plus que tout autre à Guy Laliberté reste la construction d'un complexe incluant un hôtel nouveau genre, qu'on a déjà nommé Crazy Hotel, comprenant lieux de divertissement, théâtre, restaurant et studios. Au départ, il s'agissait d'un mégaprojet nécessitant un investissement de plus d'un milliard de dollars et qui devait prendre forme à Londres. D'autres capitales devaient compléter cette chaîne de complexes hôteliers dont rêvait Laliberté.

Le projet initial ayant avorté, Laliberté décide de le reprendre à Montréal avec un budget réduit à 100 millions de dollars. Il profite de la présentation du nouveau spectacle *Varekai*, lancé à Montréal, pour faire la promotion de son complexe cirque nouveau genre. La Société générale de financement a déjà fait savoir qu'elle a signé un protocole d'entente avec le Cirque du Soleil et les journaux rapportent que son investissement dans le projet pourrait atteindre 25 millions de dollars, soit le quart du coût total.

Le prototype de complexe cirque à Montréal serait situé sur un terrain appartenant à l'Université du Québec, à l'angle des rues Saint-Urbain et Sherbrooke. Laliberté veut y installer une salle pour présenter un spectacle permanent à Montréal, un restaurant nouveau format, une galerie d'art, un spa inspiré du spectacle *O* présenté à Las Vegas et un centre de production et de diffusion multimédia.

Selon lui, l'avenir de Montréal passe par la culture et le moment est venu de concentrer les efforts de tous et chacun pour faire de la ville une destination culturelle majeure dans le monde.

Laliberté ne pouvait proposer son projet à un meilleur moment. D'autres projets pleuvent en 2002 à Montréal et convergent au cœur de la ville, le long du boulevard Saint-Laurent, depuis la rue Sherbrooke jusqu'au Centre des Congrès, rue Viger, formant ainsi une véritable Cité des arts. C'est comme si, 20 ans après, l'esprit de la fête foraine de Baie-Saint-Paul s'apprêtait à revivre à Montréal.

Après l'arrivée d'Ex-Centris, propriété de Daniel Langlois, l'annonce de la construction d'une nouvelle salle d'opéra, de l'École du conservatoire à l'îlot Balmoral, d'un parc des festivaliers pour les festivals d'été, d'un complexe culturel érigé autour du Spectrum pour accueillir les vedettes du Festival International de Jazz de Montréal et du Festival de la chanson francophone, et la rénovation du cinéma Impérial pour le Festival des Films... laissent croire que tous les éléments sont subitement réunis pour faire de Montréal une destination culturelle d'élite dans un proche avenir. Laliberté veut manifestement en être.

Il se rend à la Chambre de commerce du Montréal métropolitain le 9 avril 2002 pour inciter la communauté d'affaires à le soutenir dans son projet. Après avoir obligé les invités à porter le nez de clown pour les mettre dans l'ambiance du cirque, Laliberté s'est livré comme jamais devant les médias et les gens d'affaires. Son discours a été rapporté dans plusieurs journaux :

« J'ai été chanceux dans la vie de toujours trouver des gens qui ont cru en mes rêves et qui m'ont donné le petit coup de pouce me permettant de réaliser mes plans. Cette formule m'a permis d'aller au bout de mes folies et d'établir à Montréal un des plus grands laboratoires de création au monde. À l'origine de ce projet, il y avait une bande de jeunes rêveurs qui voulaient s'exprimer à partir d'un marché très petit : le Québec. Un homme a cru en notre vision envers et contre tous : René Lévesque.

« Il a fait toutes sortes de pirouettes pour battre le système et déjouer les normes rigides afin de donner libre cours à notre créativité...

« J'aimerais partager avec vous quelques convictions. Ma première conviction, c'est que Montréal n'a jamais bénéficié d'un contexte aussi favorable pour se doter d'un positionnement international unique. Nous sommes probablement le peuple le plus créatif du monde... Ajoutez bout à bout Céline Dion, Luc Plamondon, la gang à Gilbert Rozon, l'équipe d'Alain Simard, Robert Lepage, Edouard Lock. Regardez le dynamisme de l'industrie cinématographique. Vous verrez que nous sommes en train de devenir *Hollywood North*...

« Dans le sillon de Daniel Langlois et de Softimage, il y a des jeunes qui ne demandent qu'une chose : "Donnez-nous une chance !"

« C'est maintenant à notre tour de permettre aux plus jeunes de mettre en œuvre leurs idées. Pour nous, les *baby-boomers*, tout était permis. Nous pouvions élaborer les projets les plus ambitieux et nous étions encouragés. L'espoir alimentait notre quotidien. Une vague d'entrepreneurship a caractérisé ces 25 dernières années. Ça a été la naissance du Québec inc.

«Mais aujourd'hui, où sommes-nous? Est-ce que le régime de retraite sera le seul élément rassembleur dans notre société? J'espère que non!»

Laliberté parle ensuite de transmettre une vision d'avenir à la jeunesse, de lui faire une place, de passer le flambeau et propose un objectif clair : devenir une destination culturelle de classe internationale.

«Il nous faut maintenant nous doter de lieux qui vont refléter l'âme des créateurs par leur souci artistique, leur qualité architecturale et l'animation innovatrice. Laissons les créateurs exprimer leur folie. C'est la meilleure façon de donner naissance à des projets exceptionnels... Le plan d'urbanisme culturel doit se développer pour plusieurs générations de Montréalais... C'est avec l'arrivée d'Ex-Centris, le projet de l'OSM, la place des Festivals et autres projets que nous attirerons le public et les créateurs du monde entier. Je veux dire que nous sommes prêts, au Cirque du Soleil, à participer à un projet de société qui ferait de Montréal une destination internationale.»

Après avoir parlé de l'expérience concluante du Cirque du Soleil, qui a installé son siège social dans le quartier Saint-Michel, Laliberté parle d'avenir :

«Nous en sommes à une nouvelle étape de notre croissance, celle de la pérennité. Comment assurer un avenir durable pour la culture? Comment intégrer la culture dans le quotidien des gens? Comment nous assurer de ne pas être à la remorque des mœurs, des modes et de la volonté de quelques-uns pour assurer une croissance?

«Pour moi, la culture se transpose à travers trois pôles distincts : les arts et le divertissement, le multiculturalisme et l'engagement social. Ces trois pôles sont déjà présents à Montréal, mais pas assez cultivés. C'est notre défi, le défi d'une nouvelle forme de collaboration...

« Pourquoi un complexe Cirque du Soleil ? D'abord, sur le plan de la création, j'aimerais que l'expérience du Cirque se poursuive lorsque les gens quittent le chapiteau.

« J'aimerais qu'ils se retrouvent dans un lieu plus flyé, plus surprenant, plus artistique. Ce projet permettra ainsi à nos créateurs de laisser libre cours à leur imagination dans d'autres secteurs d'activité. C'est à partir de là qu'est venue l'idée d'établir notre prototype de complexe cirque à Montréal. Pourquoi ne pas établir notre laboratoire chez nous et développer l'expertise chez nous ? »

Guy Laliberté est brillant, convaincant et séduisant. Il a joué sur la corde sensible du nationalisme, de la fraternité, de l'amitié et de la fierté de sa ville. Il a de plus valorisé la nouvelle génération, soulignant au passage la participation du Cirque du Soleil dans l'entreprise humanitaire Cirque du Monde. On pouvait croire que c'était gagné, qu'il annoncerait bientôt le début des travaux et que l'affaire était conclue. Il n'en sera rien. Quelques mois plus tard, le Cirque du Soleil annonce qu'il met fin à son projet de complexe cirque, préférant poursuivre ses activités dans le monde du spectacle et de la production.

Après deux ans de recherche, le Cirque du Soleil en est arrivé à cette décision. Dans un communiqué plutôt laconique et sans chercher à s'expliquer davantage, le Cirque du Soleil fait parvenir un communiqué aux médias annonçant qu'« au terme de la phase d'analyse financière du projet, le Cirque est arrivé à la conclusion qu'il ne serait pas prudent d'aller de l'avant avec le complexe cirque. Devant l'incertitude de la situation mondiale, l'entreprise a décidé de se concentrer sur le secteur de la production des spectacles, beaucoup moins risqué et plus rentable, plutôt que dans des domaines aussi inconnus que le tourisme, l'hôtellerie, la technologie. Nous abandonnons le projet pour une période indéterminée. »

Un porte-parole indique que c'est le conseil d'administration du cirque qui a pris cette décision et que les « efforts du groupe seront davantage mis dans le développement de la production multimédia ».

Cette entreprise a souffert d'un manque de soutien évident et on se demandera longtemps si, finalement, Guy Laliberté n'avait pas eu raison et s'il n'aurait pas été la bougie d'allumage dans ce projet de complexe international cirque.

Les sages

Revenons à la case départ. Pourquoi ce recul de la part du Cirque du Soleil alors que la Société générale de financement lui assurait son appui ? Daniel Gauthier n'est plus dans le décor pour refreiner l'impétueux Laliberté mais le rappelle constamment à la raison ? Le comité des sages fait comprendre dans un premier temps à Laliberté qu'il doit tout d'abord rembourser complètement Daniel Gauthier. Dans un deuxième temps, la sécurité non seulement de l'Occident mais de toute la planète est menacée depuis le 11 septembre 2001. Le monde a changé et la fête a été brusquement interrompue. Les faillites du Cheval-Théâtre et du Cirque Éos témoignent d'un malaise à sortir et à se divertir dans le monde. Même la compagnie Bombardier, fleuron de notre industrie aéronautique, éprouve des difficultés. Le spectacle de Céline Dion ne semble pas avoir encore trouvé sa vitesse de croisière, même si on affiche complet. Une ère de conservatisme s'annonce.

Enfin Hollywood

Un événement important vient bouleverser l'existence des membres de la direction du Cirque du Soleil et tout spécialement Daniel Lamarre, président-directeur général du Département des spectacles. Le Cirque est invité à offrir une prestation à la 74e soirée des Oscars à Hollywood. L'événement a lieu le dimanche 24 mars 2002 et le Cirque du Soleil ne va surtout pas rater pareille occasion de se mettre en évidence.

L'enjeu est de taille, alors que les plus grands producteurs du cinéma, de la télévision et de la chanson sont parmi les invités. Le Tout-Hollywood est sur place. Ne négligeant rien pour éblouir les invités et les centaines de millions de téléspectateurs qui assistent à l'événement, le Cirque du Soleil a fait appel à une trentaine de ses artistes, les meilleurs évidemment. Il a fallu les faire venir des grandes capitales du monde où le Cirque se produit et les remplacer à pied levé là où ils se produisent. Le Cirque a de plus effectué des travaux de grande envergure au plafond du théâtre pour pouvoir présenter des numéros aériens. On n'avait jamais rien vu de tel à la cérémonie des Oscars.

Après des mois de préparation, le Cirque du Soleil éblouit littéralement l'Amérique avec une mémorable prestation qui soulève la foule rassemblée au Kodak Image Theater. Les caméras ont peine à suivre l'évolution des artistes, qui offrent un spectacle à trois dimensions. Trapézistes, voltigeurs, danseurs et acrobates sidèrent des producteurs et des artistes souvent blasés par trop de numéros à sensations.

Le lendemain, Daniel Lamarre est inondé d'appels.

« Les producteurs n'en reviennent pas de notre expertise technique, raconte-t-il aux journalistes du Québec.

À tel point qu'aujourd'hui le téléphone ne dérougit pas et il faut s'attendre à ce que plusieurs producteurs américains viennent visiter notre laboratoire de création à Montréal. Nous avons réussi un grand coup et je crois que notre performance aux Oscars devrait nous permettre d'avancer dans certains projets dans le multimédia, comme les films, la télévision et la musique. »

Le Cirque du Soleil tourne à Los Angeles depuis 15 ans et c'est, étrangement, sa première participation à la soirée des Oscars. Comment l'expliquer ?

« Le changement de l'équipe de production pour cette 74e édition de l'événement nous a permis de recevoir ce cadeau du ciel », répond Daniel Lamarre.

L'homme est d'autant plus heureux qu'il a justement le mandat d'installer le Cirque du Soleil dans le monde du multimédia. Homme de télévision qui a participé à l'incontestable succès du réseau TVA au Québec, Lamarre s'apprête à faire du Cirque du Soleil une attraction multimédia dans le monde entier.

Déjà une première série, *Sans filet,* documentaire de 13 épisodes racontant les coulisses de *Varekai,* remporte un Emmy en septembre 2003 dans la catégorie des émissions de téléréalité, un événement important puisqu'il s'agit du premier produit télévisuel du cirque québécois en dehors des captations de spectacles qui ont fait l'objet d'émissions télévisées. On prépare aussi actuellement une série d'émissions pour enfants en utilisant les personnages déjà présentés dans les spectacles du Cirque. De plus, le Cirque du Soleil a créé sa propre chaîne de télévision.

On a déjà capté les spectacles du Cirque jusqu'à présent et ce dernier a participé à la création de *Journey of man,* mais ces réalisations n'étaient pas des créations pures du

Cirque du Soleil. Avec le laboratoire et l'infrastructure multimédia qu'on installe actuellement, le meilleur est à venir.

The Beatles

Après avoir sabordé son ambitieux projet de complexes de cirque dans les grandes capitales du monde, y compris le laboratoire de Montréal, le Cirque du Soleil revient au monde du spectacle. Il planifie, en fin d'année 2002, la présentation de spectacles dans des salles permanentes, notamment à Londres, à New York, à Los Angeles et à Hong-Kong. Une équipe du Cirque se retrouve à Londres pour explorer des sites de développement potentiels. Des rumeurs circulent à l'effet que le Cirque serait en pourparlers avec les représentants des Beatles pour l'adaptation scénique du film d'animation *Yellow Submarine*. On pourrait même aller plus loin et présenter un spectacle multimédia basé sur la carrière et les chansons des Beatles.

Il s'agit d'un projet à long terme comme l'ont toujours été ceux du Cirque. La machine ne peut plus se permettre l'improvisation depuis fort longtemps et tous ses projets impliquent tellement d'intervenants qu'il faut toujours y mettre des années avant de songer à quelque entreprise que ce soit. Le Cirque du Soleil était dans la mire de Disney depuis 1987, mais il a fallu négocier pendant près de 10 ans, protéger l'autonomie du Cirque, avant de présenter *La Nouba* en 1998. On ne dira jamais assez l'entêtement de Guy Laliberté à protéger l'identité, la langue et la liberté de son cirque. Même approche pour les tournées européennes et même américaines, alors qu'on scrute les auditoires, étudie longuement le marché avant d'inscrire telle ou telle ville dans une tournée. Il n'y a plus ni hasard ni aventure inconsidérée.

Dans le cas du spectacle des Beatles, c'est encore un projet qu'on mène prudemment, en franchissant patiemment toutes les étapes. On a d'abord acquis les droits des chansons après de longues négociations avec Paul McCartney, les autres Beatles et Yoko Ono, la veuve de John Lennon. Quand on connaît l'âpreté de McCartney et de Mme Ono, on peut déjà parler d'un exploit.

Toute l'affaire repose sur l'amitié entretenue depuis longtemps entre Guy Laliberté et George Harrison. C'est Harrison qui a invité Ringo Star et Paul McCartney à venir voir le spectacle *O* à Las Vegas. Littéralement emballés, ils ont accepté d'accorder les droits au groupe de Laliberté, non seulement pour une adaptation de *Yellow Submarine* mais pour une œuvre qui raconterait les Beatles avec leur musique, dans un climat de cirque, avec acrobates, jongleurs, équilibristes… Imaginez ce que le Cirque du Soleil pourrait créer avec les personnages de *Sergent Pepper Lonely Heart Club Band* ou avec ceux du *Magical Mystery Tour*. L'association paraît naturelle et prolongerait la légende des Beatles.

Cirque du Soleil érotique

Las Vegas a changé ces dernières années et on y assiste à un retour à l'érotisme qui fait partie des mœurs de la ville. Steve Wynn a voulu amener la famille au Nevada, diversifier la clientèle et faire oublier la capitale du péché, mais... la chair est faible. Les effeuilleuses, même de mauvais goût, y font recette et les prostituées de luxe reviennent hanter les congressistes et les visiteurs esseulés. Las Vegas a toujours été la ville de la promiscuité sexuelle, ouverte ou cachée, et depuis quelques années elle s'affiche davantage selon les observateurs.

Le Cirque du Soleil a enchanté la famille et continuera de le faire puisque cette formule demeure rentable et correspond à son image et à son expertise du monde du spectacle. On a déjà présenté la 4 000ᵉ représentation de *Mystère* au Treasure Island en mai 2002 et *O* fait toujours salle comble. Guy Laliberté fait encore preuve d'audace. Comme s'il voulait revenir à l'origine du Cirque du Soleil et tout réinventer une autre fois. La quinzième production du Cirque du Soleil tranchera nettement avec toutes les autres puisqu'on présentera un spectacle interdit aux moins de 18 ans : un spectacle érotique.

« De la même manière que nous avons réinventé le cirque, nous voulons réinventer le genre cabaret, déclare Guy Laliberté. Un spectacle provocateur et érotique mettra en évidence le côté sombre du soleil. »

Le Cirque du Soleil pourra rejoindre ainsi tous ceux qui n'assistent pas habituellement à ses spectacles : ceux qui préfèrent s'envoyer en l'air et se gaver d'images, de films et de tous les produits érotiques qu'offre Las Vegas. Il s'agit du premier spectacle présenté par Guy Laliberté seul à la tête de son empire. Le projet ne fait pas l'unanimité dans son entourage, quoi qu'on en dise publiquement. On chuchote dans les coulisses que l'image du Cirque du Soleil pourrait en souffrir irrémédiablement. On peut à la rigueur réinventer le cabaret, mais l'érotisme a été surexploité jusqu'à présent. Laliberté voit les choses autrement.

Decouflé dégonflé

Dans un premier temps, Guy Laliberté a voulu retenir les services de Philippe Decouflé, le plus réputé des chorégraphes français, qui est aussi cinéaste, danseur et metteur en scène. L'homme a déjà travaillé avec bon nombre de compagnies de cirque et c'est lui qui a signé la mise en scène des cérémonies d'ouverture et de clôture des Jeux olympiques d'hiver à Albertville en 1992. Pas étonnant que Laliberté l'ait eu dans sa mire depuis longtemps pour signer ce spectacle sensuel, audacieux et périlleux, d'autant plus que même les observateurs français soulignaient que le travail de Decouflé ressemblait, par son style, à celui du Cirque du Soleil.

Decouflé accepte la proposition de Guy Laliberté et amorce la mise en scène du spectacle sous la direction artistique d'Andrew Watson. Le temps passe et Laliberté surgit subitement sur le plateau pour apprécier le travail du metteur en scène français. Il n'est pas d'accord avec sa démarche et le lui fait savoir directement. Encore une fois, il intervient dans le contenu d'un spectacle. Peu de temps après, Decouflé est remercié de ses services.

«Le Cirque du Soleil est devenu une grosse machine, explique Decouflé. Tout est hyperhiérarchisé avec le gros méchant patron. Tout ça ne m'intéresse pas. J'ai ma petite compagnie et je fonctionne de façon humaine. Je n'aime pas qu'on me menace de tout... Finalement, il m'a mis dehors [Laliberté]»... et par la suite il a proposé à René Richard Cyr la direction du spectacle.

Ce jeune metteur en scène s'est récemment illustré au Québec en signant une adaptation théâtrale du film *Les parapluies de Cherbourg* et de *L'homme de la Mancha*.

Cyr possède une vision très dynamique, très moderne et transforme souvent avec peu de moyens des œuvres classiques. Il a de plus déjà monté des spectacles de Céline Dion.

C'est dans un théâtre de 1 256 sièges spécialement construit pour ce spectacle au New York-New York Hotel-Casino que Cyr dirigera les danseurs, chanteurs, acrobates, musiciens et acteurs qui formeront une troupe de 50 personnes sur scène. Le but de l'entreprise n'est pas de présenter un spectacle décadent et pornographique. Au contraire, le Cirque du Soleil aborde un genre qui a un urgent besoin de renouveau et qui est déjà à bout de souffle... c'est le cas de le dire.

Cyr a d'abord trouvé le titre – *Zumanity* – parce qu'il disait souvent aux gens de son entourage qu'il était à la recherche d'un zoo... humain. La loi du Nevada ne permet pas de montrer les sexes humains, mais cela ne pose aucun problème au metteur en scène :

«Nous ne préparons pas un spectacle pornographique. Il y a une façon de montrer le désir et de provoquer tout en restant dans les limites du bon goût. J'ai vu des spectacles érotiques sur le *strip* à Las Vegas. Les filles y sont habituellement dénudées, montrent leurs seins et ne laissent plus aucune place à l'imagination. Toujours des grosses poitrines fortement en évidence pour un auditoire masculin. Le genre a besoin d'être renouvelé et nous présentons une rencontre des hommes et des femmes, une réunion des corps tout en subtilité et en finesse. Nous voulons redonner des lettres de noblesse à l'art du spectacle érotique dans un univers où l'hypersexualité est exploitée partout. En somme, une célébration du désir avec le moins de notions morales possible.»

Après de nombreuses modifications dans la mise en scène, à la suite de l'arrivée de Dominic Champagne qui est venu prêter main forte à René Richard Cyr, la première officielle de *Zumanity* a lieu le 20 septembre 2003 et est suivie d'un immense party d'après-spectacle. Guy Laliberté n'a pas hésité à engloutir 700 000 $ dans cette réception qui réunit plus de 2 000 invités sur le toit de l'hôtel New York-New York, parmi lesquels les coureurs automobiles David Coulthard et Michael Schumacher, le chanteur Enrique Eglesias Jr. et Hugh Hefner, qui passait justement par Las Vegas dans le cadre de la célébration du 50e anniversaire de l'entreprise Playboy. On aperçoit également Jennifer Love Hewitt, Orlando Bloom (*Lord of the ring*), Jamie Foxx et René Angélil causant avec Guy Laliberté comme s'ils étaient les meilleurs amis du monde lors des nombreux reportages consacrés à l'événement. Ce n'est pas nécessairement le cas. Depuis la création du spectacle de Céline Dion, *A New Day*, mis en scène par Franco Dragone, Céline et René Angélil se sont rapprochés de la direction du Cirque du Soleil et surtout de Guy Laliberté, mais strictement pour des raisons d'affaires.

Zumanity n'a pas fait scandale à Las Vegas et la critique a été généralement favorable à cette quinzième production du Cirque du Soleil. En fait, ce spectacle, que j'ai vu peu avant la première officielle, humanise la sexualité en présentant des personnes obèses dans un contexte érotique de même que des gens âgés, un nain, des jeunes filles particulièrement minces, un travesti et des nymphettes qui se touchent, se caressent en nageant dans un aquarium en forme de verre de champagne. De tout pour constituer un véritable zoo humain qui s'adresse à un public de 18 ans et plus.

L'impact du Cirque du Soleil

Le Cirque du Soleil, c'est l'orgueil des Québécois comme on l'a si souvent répété, mais c'est d'abord et avant tout la valorisation des arts du cirque au Québec. Ignorés et même méprisés, les arts du cirque ont été longtemps les arts de la rue. L'Église interdisait la présentation de spectacles de cirque dans ses paroisses jusqu'aux années 1960. On considérait, selon l'abbé Michel Laurin, ancien propriétaire du Cirque de Saint-Sulpice, les artistes de cirque comme des êtres irresponsables, noceurs et coureurs de jupon qui menaçaient la vertu des jeunes filles catholiques. «Les temps ont bien changé», précise-t-il. Le Cirque du Soleil a totalement changé la perception des gens face au monde du cirque. Non seulement s'est-il éloigné du cirque traditionnel en ne présentant pas d'animaux et en transformant l'esthétique du cirque américain en particulier, mais il l'a élevé au rang des arts majeurs. Très tôt, le Cirque du Soleil a été reconnu par les gens de théâtre. Ce fut le cas au Festival de théâtre de Los Angeles, où son originalité, sa sensibilité, sa créativité ont explosé devant le gratin des bien nantis de la côte californienne. Du cirque bourgeois? Bien sûr! Du cirque qui coûte cher? Bien sûr! Il était temps que le cirque se refasse une beauté en Amérique.

C'est la classe moyenne qui a adopté le Cirque du Soleil, un public dont la formation scolaire et les revenus sont supérieurs à la moyenne. Il est également un public gavé par la télévision, qui ne le surprend plus, et par le cinéma, qui vise manifestement le plus grand commun dénominateur. Le Cirque du Soleil est l'un des grands responsables de ce spectaculaire essor.

Les succès répétés du Cirque du Soleil ont incité d'autres troupes québécoises à fonder des cirques de tailles et de vocations différentes. On ne peut parler d'une quantité industrielle, surtout si on compare avec les 200 cirques dont plusieurs sont plus ou moins officiels en France. Au Québec, les subventions accordées aux arts du cirque n'ont rien de comparable à celles qu'on remet aux cirques de France et d'Europe. Les subventions obtenues par le Cirque du Soleil au départ ont presque vidé la caisse du ministère de la Culture.

Le Cirque du Tonnerre

Rodrigue Tremblay, le fameux Chocolat du Cirque du Soleil, a été le premier à relever le défi. Il a fondé un cirque authentiquement québécois. L'entreprise est courageuse, c'est le moins qu'on puisse dire. En 1990, il achète un chapiteau, s'entoure d'une vingtaine d'artistes et parcourt les villes de la province avec le Cirque du Tonnerre. Il a confié les charges administratives de son cirque au producteur Steve Zalac, emploie 35 personnes, vide son compte en banque et hypothèque ses propriétés. Tremblay a investi tous ses avoirs, escomptant une subvention.

La nouvelle troupe remporte un certain succès et on présente même deux spectacles au Stade olympique de Montréal, après avoir amusé un public de tous les âges à La Ronde et sillonné la province. Au début de son existence, le Cirque du Tonnerre entend limiter son territoire au Québec.

En plus d'assumer la présidence et la direction artistique de son cirque, Rodrigue Tremblay fait partie de la distribution du spectacle dans son rôle de Chocolat. Sa compagne Nicoletta Hazewinkel, fildefériste et jongleuse d'origine hollandaise qu'il a rencontrée au Cirque du Soleil, fait également partie des artistes de la nouvelle troupe, de même que la contorsionniste Angela Laurier. Des acrobates, jongleurs, trapézistes, dont Jean Painchaud et Daniel Cyr qui fonderont plus tard le Cirque Éloize, évoluent sous le chapiteau du Cirque du Tonnerre.

Le spectacle est de qualité, varié, impressionnant pour ses débuts, avec une musique originale de Pierre Boileau, une bonne scénographie imaginée par Prisme 3, et les contrats affluent. Après deux ans d'existence, cependant, c'est la catastrophe. Les subventions promises n'arrivent pas et l'entreprise du Cirque du Tonnerre déclare faillite à la fin de l'année 1991. On vit une année de récession au Québec et dans tout le Canada et les gouvernements procèdent à des compressions draconniennes. Rodrigue Tremblay perd tous ses biens, incluant sa maison et ses autres propriétés. Le coup est terrible.

« Je fais savoir aux fonctionnaires qu'on subventionne plusieurs théâtres au Québec, raconte Tremblay. Pourquoi on ne subventionne pas plusieurs cirques ? Je savais qu'ils avaient aidé le Cirque du Soleil, alors pourquoi pas nous ? Le Cirque du Tonnerre fonctionnait bien, mais ne pouvait survivre avec 7 employés de bureau et plus de 25 artistes sur scène. Peut-être que je n'ai pas su jouer le jeu des coulisses, faire du lobbying et des relations publiques. »

Rodrigue Tremblay a participé par la suite de façon épisodique à des spectacles du Cirque du Soleil et a fondé la compagnie Productions Éclats de rire avec sa compagne. Ils présentent actuellement le spectacle cabaret-cirque *Akya* avec une équipe de sept personnes.

Éloize

Le Cirque Éloize, mot qui signifie « éclair de chaleur », a été fondé en 1993 par Jean Painchaud et Daniel Cyr entourés de cinq autres Madelinots. L'aventure a commencé lorsque Jean Painchaud, adolescent de 19 ans originaire des Îles-de-la-Madeleine s'est rendu assister au premier spectacle du Cirque du Soleil présenté à Gaspé, à l'été 1984. Ce fut un choc pour le jeune homme. Il quitte alors les îles pour s'installer à Montréal afin d'entreprendre une carrière d'acrobate au cirque. Il a d'abord étudié à l'École nationale de cirque puis il a bourlingué à Paris et à Berlin avant de travailler au Cirque du Soleil et au Cirque du Tonnerre, où il a présenté ses numéros de jonglerie et de vélo acrobatique.

Il a participé au spectacle *Fascination* en tournée au Japon, tandis qu'un autre Madelinot, Daniel Cyr, participait à *Saltimbanco*. Les deux hommes ont apprécié l'expérience, mais rêvent d'un cirque aux dimensions plus humaines, plus intimes. Ils fondent alors le Cirque Éloize avec bien peu de moyens et présentent des spectacles dans les parcs de Montréal. Ils sont remarqués tout à fait par hasard par les promoteurs du Festival pour enfants à Philadelphie et c'est parti. Les spectacles s'enchaînent à Philadelphie, Pittsburgh et New York.

Le Cirque Éloize obtient rapidement du succès, un succès qui n'a rien de comparable à celui du Cirque du Soleil et un cirque qui a, dès le départ, pris ses distances avec son grand frère québécois. On ne présente d'abord que des spectacles sur scène et le Cirque Éloize a préféré garder sa dimension familiale. Plein de poésie, musique originale, numéros acrobatiques très stylisés pendant tous les spectacles présentés jusqu'ici par cette bande de Madelinots toujours solidaires.

Après *Excentricus, Cirque Orchestra*, le Cirque Éloize présente *Nomade* en tournée internationale. Éloize est aujourd'hui le cirque québécois le plus connu dans le monde après le Cirque du Soleil. Deux millions de spectateurs ont vu ses spectacles dans 200 villes de 20 pays.

En 2003, il est invité par le Barbican Theatre de Londres, qui le recevra pour 25 représentations. Il est également l'invité de la mairie de Paris, qui lui dressera un chapiteau sur la pelouse de Reuilly et qui prendra en charge la promotion et l'affichage sur les colonnes publicitaires. On peut parler ici d'un exploit puisque le Cirque du Soleil n'a jamais obtenu un permis pour installer son chapiteau à Paris. Le critique de *L'Express* dit de *Nomade* qu'il s'agit d'«une fête onirique et extravagante, sensuelle et généreuse», alors que le réalisateur Roman Polanski considère que «*Nomade* est l'une des plus belles créations québécoises présentées à Paris depuis une bonne dizaine d'années».

Éos

C'est en 1995 que Michel Rousseau, directeur de l'École de cirque de Québec, a l'idée de fonder un cirque à Québec. Avec la participation des finissants de son école, il lance le Cirque Éos en 1997 et l'incorpore en 1998. Le succès est rapide et les Québécois sont fiers de leur cirque. Doublement fiers puisque le Cirque du Soleil ne se produit pas à Québec, préférant Sainte-Foy, où il bénéficie d'un traitement de faveur de la mairesse Andrée Boucher. Celle-ci a soulagé le Cirque du Soleil de la taxe de vente lors des spectacles du Cirque dans sa ville. Chicanes de clochers, dira-t-on.

Le Cirque Éos, contrairement au Cirque du Soleil, est intimement lié à son école de cirque et puise dans sa réserve 80 % de ses artistes. Appuyé par le Fonds de développement de la CSN qui débloque 1 million de dollars pour le Cirque Éos, et par le Fonds d'investissement de la culture et des communications, qui investit 600 000 $, il entreprend une tournée nord-américaine en juillet 2002.

Imaginaire, la nouvelle production du Cirque Éos, est présentée au Vieux-Port de Montréal. Elle est saluée par la critique et par un public enthousiaste. On a déjà prévu 500 représentations de ce spectacle et la tournée se poursuit à Vancouver et à San Diego. En novembre 2002, Michel Rousseau annonce l'interruption de la tournée « qui n'a pas généré les résultats financiers escomptés ». Les artistes sont rapatriés à Québec. Pendant ce temps, le Cirque Éos songe à une nouvelle orientation.

Élément Cirque

Si un cirque meurt, d'autres naissent aussitôt, comme s'il s'agissait d'un mouvement irréversible. Certains étudiants des arts du cirque rêvent de faire partie des grandes familles établies, tandis que d'autres songent à créer leur propre cirque. C'est le cas de Nicholas Lauriault, Mark Pieklo et Laura Smith, qui ont fondé la compagnie Élément Cirque. Tous diplômés de l'École nationale de cirque, ces artistes dans la vingtaine ont préféré la scène au chapiteau pour le premier spectacle de la compagnie montréalaise. « Nous voulions inclure la danse et le théâtre au cirque traditionnel », raconte Mark Pieklo, porte-parole du groupe.

Pas de clown cabotin, pas de décor ou de fantaisie scénique, pas de chapiteau, Élément Cirque propose du cirque minimaliste permettant une nouvelle intimité avec le public. Une première prestation à l'Usine C de Montréal, lieu de théâtre et de musique, a remporté un vif succès en 2003. Du cirque sans artifice, mais des prouesses tout de même risquées, des numéros originaux et un beau retour à la base d'un cirque humain. Une grande influence du Cirque du Soleil, évidemment, mais le besoin de faire un cirque différent.

Les sept doigts de la main

Voici le dernier-né des cirques québécois et sûrement le plus prometteur. Après avoir présenté un premier spectacle à l'Off du Festival Juste pour rire, édition 2002, Les 7 doigts de la mains est invité au Festival mondial du cirque de demain à Paris l'année suivante. Patrick Léonard et Sébastien Soldvila remportent le prix Nikouline avec leur numéro duo Diabolo. Samuel Tétreault donne quant à lui une étonnante démonstration d'équilibre sur canne à l'occasion de cette 24e édition du prestigieux festival.

La troupe participe par la suite au Festival Circo Massimo de Suède et présente des spectacles en Hollande ainsi qu'au Japon. À l'automne 2003, les sept artistes reviennent à Montréal présenter un spectacle éponyme qui obtient énormément de succès. On ajoute des représentations et c'est la reconnaissance d'une troupe qui innove dans les arts du cirque. Installé dans l'édifice de la Station C à Montréal transformé en loft, le cirque Les 7 doigts de la main présente un spectacle dépouillé, sans costumes de scène, sans artifice et exploitent les objets du quotidien. Au cours de leur spectacle, organisé comme une soirée de famille, les artistes se mêlent aux gens de la salle, les invitent au salon et multiplient les numéros d'acrobatie, de jonglerie, de trapèze et de performances aériennes sans ostentation, comme s'il s'agissait de simples jeux d'enfants. L'approche des artistes en est une de convivialité et de valorisation des objets du quotidien. Pommes, couteaux, télé, frigo, chaînes, sofas deviennent des accessoires de théâtre, de danse et de cirque. S'ils semblent banaliser leurs performances, les quatre jeunes femmes et les trois hommes n'en sont pas moins des artistes de cirque aguerris. La plupart d'entre eux ont été formés à l'École nationale de cirque de Montréal et ils ont tous participé à une ou plusieurs des productions du Cirque du Soleil. Faon Shane, un des sept doigts de cette main, a participé au tout premier spectacle du Cirque du Soleil alors qu'elle n'était âgée que de sept ans. Elle faisait partie du numéro des Enfants dompteurs. Shana Carroll et Gipsy Snider, deux artistes américaines, ont entrepris leur carrière au Pickle Family Circus de San Francisco. Le Français Sébastien Soldevila a travaillé à titre d'acrobate avec le Cirque du Soleil dans *Saltimbanco* de même que l'équilibriste Samuel Tétreault. Isabelle Chassé a été équilibriste au Cirque du Soleil avant de se joindre au groupe. Patrick Léonard a travaillé avec le Cirque du Soleil et au Cirque Knie, sans compter de nombreux engagements dans les cabarets d'Europe.

Les sept artistes racontent qu'ils ont fondé cette nouvelle troupe parce qu'ils éprouvaient tous un urgent besoin de créer, de réinventer le cirque à leur manière. C'est ce qu'avait fait le Cirque du Soleil, 20 ans plus tôt.

Le Cirque national des clowns

Fondé à Verdun en 1997 par Giovanni Iuliani et son fils Frederico, le Cirque national des clowns se targue d'être le seul cirque entièrement clownesque en Amérique du Nord. Composée de 9 clowns et de 7 musiciens, cette troupe qui a attiré plus de 100 000 spectateurs au Québec avec son premier spectacle *Anthologie,* reprend des numéros classiques du répertoire clownesque. Le père, Giovanni, a déjà fait partie de l'équipe du Cirque Gatini dans les années 1970 à titre de directeur de performance et le fils, Frederico, y présentait son premier numéro de cirque en compagnie des clowns à l'âge de six ans.

Le Cirque national des clowns n'est pas directement issu du Cirque du Soleil, mais il a bénéficié de l'essor qu'ont connu les arts du cirque au Québec.

Cheval-théâtre et *Voltige*

Si un bon nombre d'artistes ont quitté le Cirque du Soleil pour lancer leur propre entreprise ou pour joindre d'autres cirques de par le vaste monde, il en va de même pour les membres de la direction de la première heure du Cirque du Soleil. Généralement, c'est sans amertume et en toute amitié qu'artistes et administrateurs quittent l'entreprise pour aller s'exprimer et créer ailleurs.

Gilles Ste-Croix et Normand Latourelle, respectivement directeur de production et vice-président du Cirque du Soleil, ont tous les deux voulu renouer avec la tradition du cirque en investissant dans le spectacle équestre. Tous les deux ont bénéficié de l'excellente réputation du Cirque du Soleil et de leur expertise. Ils ont indiscutablement été influencés par la mise en scène, la musique, les couleurs et l'esthétique du Cirque du Soleil. Ils ont emprunté les mêmes circuits que le grand cirque québécois et sûrement accueilli une bonne partie de son public. Cheval-Théâtre, l'entreprise de Gilles Ste-Croix, s'est malheureusement soldé par un échec, non mérité, en 2001, alors que *Voltige,* le spectacle de Normand Latourelle, a obtenu un franc succès lors de son lancement à Shawinigan en 2003 et à Toronto, en tournée, par la suite. On oubliera la compétition entre les deux producteurs pour retenir le formidable impact exercé par le Cirque du Soleil sur les administrateurs, gens d'affaires et directeurs artistiques qui ont voulu, à leur tour, créer de nouvelles entreprises dans des voies différentes mais avec une dynamique semblable à celle du Cirque du Soleil.

Hommage au cirque québécois

Lors de la 24ᵉ édition du Festival mondial du cirque de demain, qui s'est déroulée du 30 janvier au 3 février 2003, à Paris, on a voulu rendre hommage au cirque québécois. On a alors présenté cinq numéros de quatre cirques québécois : le Cirque Éos, le Cirque Éloize, le Cirque du Soleil et Les 7 doigts de la main, qui ont été acclamés par les festivaliers et reconnus par le directeur de l'événement, Dominique Auclair. Dans un discours mémorable, en effet, celui-ci a rendu au cirque québécois un hommage qu'il attendait et méritait depuis longtemps :

« Le Québec est devenu en moins de 20 ans une nation clé dans l'évolution des arts de la piste. C'est un bond prodigieux, souligne le directeur du Festival. Les Québécois sont partis de zéro et ils sont devenus les meilleurs. Ils se sont donné une identité, un style. Ils on su marier le Moyen

Âge et le spectacle de rue avec les ordinateurs et la rigueur dans la gestion. Le Cirque du Soleil est devenu non seulement le plus grand cirque mais la plus grande entreprise de spectacle vivant du monde. »

Dominique Auclair précise par la suite qu'il sait que le cirque québécois ne se résume pas au Cirque du Soleil et qu'il existe actuellement au Québec « une tradition, une école et une relève incarnées par les Cirques Éos et Éloize, venus présenter des spectacles à Paris ».

On ne pouvait souhaiter un meilleur tremplin, une meilleure tribune pour ouvrir définitivement les pistes des cirques de France aux cirques du Québec.

Les professionnels du cirque se regroupent

D'autres cirques de moindre envergure ont vu le jour au Québec ces dernières années. Certains ont traversé le temps et d'autres pas, toujours influencés par le Cirque du Soleil.

Peu importe la volatilité de ces nombreux cirques qui vont et viennent, l'important, c'est la volonté de regroupement des artistes de cirque qui ont fondé En piste. Le Cirque du Soleil en fait partie, de même que le Cirque Éloize et des représentants des autres cirques majeurs du Québec. Paul Vachon, directeur du Cirque du Monde, préside cet organisme qui regroupe les professionnels des arts du cirque.

En piste, l'École nationale de cirque et le Cirque du Soleil sont à l'origine de la création de la Cité des arts du cirque, installée sur un terrain appartenant à la Ville de Montréal et situé juste à côté du siège social du Cirque du Soleil, dans le quartier Saint-Michel. Ce projet, estimé à

63 millions de dollars, a pour objectif premier de faire de Montréal une capitale internationale des arts du cirque. En 2004, la Cité des arts du cirque deviendra l'un des plus grands carrefours de formation, de création, de production et de diffusion des arts du cirque au monde.

C'est là que s'installe l'École nationale de cirque en septembre 2003 et qu'on construit le Chapiteau des arts du cirque. Il s'agit de la première salle permanente au Canada conçue spécialement pour la présentation de spectacles et de numéros de cirque. Des logements ont été construits pour les artistes et étudiants en visite. Des studios de production, des espaces pour les chapiteaux avec toile pour la période estivale ont été prévus par les concepteurs. De plus, la Cité des arts du cirque vise à la revitalisation urbaine du quartier. On peut souligner ici la contribution sociale du Cirque du Soleil au même titre que son implication dans Cirque du Monde. Il n'est pas le seul maître d'œuvre, mais sans sa réputation auprès de la population et des gouvernements on peut facilement imaginer que le projet ne se serait jamais concrétisé.

Si, concrètement, la Cité des arts du cirque témoigne de l'influence du Cirque du Soleil, son impact le plus important se manifeste dans le monde de l'éducation. L'École nationale de cirque de Montréal existait bien avant la fondation du Cirque du Soleil. Cependant, le Cirque du Soleil nourrit cette école de réputation internationale, lui donne sa raison d'être. On est déjà bien loin de la petite école de cirque installée au quatrième étage du Centre Immaculée-Conception. Elle a vécu, grandi, s'est installée dans le Vieux-Port de Montréal, avant de déménager dans la Cité des arts du cirque. Le Cirque du Soleil puise dans ce bassin d'artistes depuis ses débuts et motive les élèves par les succès remportés.

À Québec, on a fondé en 1993 une école de cirque qui a permis la création du Cirque Éos en 1995. Les deux entités sont liées et les finissants de l'école se produisent au Cirque Éos. Michel Rousseau, qui dirige les deux entreprises, poursuit son travail à l'École de cirque de Québec malgré les difficultés financières éprouvées par le Cirque. On y reçoit 700 élèves en moyenne par session et l'École occupe l'ancienne église de Saint-Esprit.

D'autres écoles de cirque sont nées, dont celle de Verdun, qui enseigne les arts du cirque aux plus jeunes. Finalement, on initie les jeunes élèves de plusieurs écoles secondaires à des activités de cirque dans le cadre des cours d'éducation physique. Certains s'intéresseront davantage au cirque et poursuivront leur formation dans des écoles spécialisées au Québec. Le cirque est à la mode chez les jeunes et ce sera sûrement la plus grande réussite du Cirque du Soleil.

Bilan et réflexions

L'avenir immédiat du Cirque du Soleil, ce sont d'abord quatre spectacles permanents à Las Vegas. *O* et *Mystère* poursuivront leur carrière au Bellagio et à Treasure Island. Dans le cas de *Mystère*, on fera subir à cette production à grand succès une cure de rajeunissement pour lui faire passer le cap des 10 ans d'existence et *O* fascine toujours, étant devenu un *must* pour les 40 millions de visiteurs de Las Vegas. *Zumanity* deviendra une autre des attractions de cette capitale du jeu et le quatrième spectacle sera signé Robert Lepage. Ce sera une aventure épique soutenue par de nouvelles technologies à la manière du metteur en scène québécois le plus réputé sur la scène internationale.

En 2004, le Cirque du Soleil célébrera son vingtième anniversaire avec 4 et bientôt 5 spectacles à demeure, 4 en tournée, 33 millions de spectateurs depuis ses débuts, 130 villes visitées à ce jour et la reconnaissance des spécialistes, qui reconnaissent qu'il est devenu le plus grand cirque du monde.

Le Français Pascal Jacob, l'un de ces spécialistes, reconnaît cet état de fait. Auteur de plusieurs livres sur l'histoire du cirque, enseignant dans trois grandes écoles de cirque, à Châlons, Bruxelles et Montréal, il confie à un représentant du *Devoir,* en mai 2003, que le cirque n'a pas été... tout à fait réinventé par le Cirque du Soleil. Chauvinisme mis à part, le Français nous apprend qu'«il y a une antériorité européenne. En fait, le nouveau cirque s'appuie sur une manière de donner un nouveau sens à la prouesse, en mettant plus d'accent sur le défi de la mort. Les Soviétiques avaient déjà proposé tout ça dans les années 1970, en plaçant l'humain au centre de la représentation pour faire du langage acrobatique le support d'un discours universel. Inconsciemment, le nouveau cirque est donc né là... Mais c'est clair que le Cirque du Soleil a innové et créé. Quand il est venu présenter ses premiers numéros au Festival du cirque de demain à Paris, on a découvert quelque chose de totalement novateur, une manière d'introduire chaque numéro, l'audace dans les détails. C'était une nouvelle façon de faire du cirque».

Jacob parle ensuite de la fin des années 1960, qui a marqué la rupture avec le cirque traditionnel. Le fameux Mai 68 a ouvert les portes à une nouvelle génération et engendré la révolution dans le monde du cirque. Des écoles de cirque ont vu le jour, des compagnies ont subitement émergé et éclaté dans toutes les directions. Le Cirque Plume a évolué dans un mouvance écologique. Archaos a choisi une voie *destroy*, les motos remplaçant les chevaux.

Selon Jacob, la grande pyramide du cirque s'enfonce et le Cirque du Soleil semble en voie de remplacer le cirque traditionnel à la base de la structure... On ne peut être nouveau éternellement.

Si la modernité, c'est le mouvement plus l'incertitude, le Cirque du Soleil est un cirque traditionnel et ce n'est pas lui faire injure que de lui donner une tradition. Il ne peut pas se réinventer continuellement. Les gens de sport parlent souvent d'une formule gagnante et celle-là lui a permis de se hisser au sommet. Ses couleurs sont établies depuis de nombreuses années et les spectateurs reconnaissent et recherchent son style. Pas question, par conséquent, de poursuivre dans l'incertitude, de dérouter ses adeptes et de mettre en péril la pérennité d'une entreprise qui emploie 2 500 personnes dans le monde. Le Cirque du Soleil n'aurait pas intérêt à changer son image, à modifier la facture de ses spectacles et à transformer son chapiteau en laboratoire.

Par contre, ce cirque n'est pas stagnant, loin de là. Si elle s'inscrit désormais à l'intérieur d'une certaine tradition, cette jeune entreprise innove en diversifiant ses activités. C'est là que se situe le risque, avec, par exemple, cette tentative d'instaurer des complexes cirque dans les grandes capitales, une entreprise que la direction du Cirque du Soleil a elle-même estimée trop risquée en raison de la conjoncture économique précaire en Amérique.

Elle se diversifie lorsque Guy Laliberté veut réinventer le monde du cabaret et de l'érotisme avec *Zumanity*, un spectacle tout de même audacieux et novateur. Le Cirque du Soleil explore également le monde audiovisuel et tente actuellement d'intégrer le cirque au multimédia, ce qui n'a jamais été tenté auparavant.

Finalement, le Cirque du Soleil, malgré les succès répétés et l'adulation d'un auditoire sans cesse en expansion, est toujours à la recherche de la reconnaissance de ses pairs et des spécialistes des activités du cirque. Aucune étude sérieuse n'a été consacrée à ce jour à l'évolution, unique dans l'histoire du cirque, du Cirque du Soleil. Lorsqu'on considère qu'il n'y avait pas de véritable tradition de cirque au Québec, la démarche est d'autant plus édifiante et mériterait qu'un spécialiste se penche sur ce phénomène. En moins de 20 ans, avec peu de moyens, le Cirque a révolutionné cet art. Ne serait-ce qu'en Amérique, ce serait déjà un exploit remarquable. Il a non seulement révolutionné le spectacle du cirque, mais il a révolutionné également son enseignement, avec la forte influence de Guy Caron, qui a fait œuvre de pionnier non seulement à Montréal avec l'École nationale du cirque mais également à Chalon sur Marne. Le Cirque du Soleil a révolutionné le marché d'abord avec le réseau Admission, qui permettait de gérer la vente des billets par ordinateur, et par un marketing particulièrement efficace, qui s'inspirait des techniques des grandes firmes internationales. Le Cirque du Soleil a été tout sauf artisanal, et ce, en très peu de temps. Il a réuni la plus jeune équipe de gestionnaires de cirque au monde. Il a fait confiance à une nouvelle génération sur tous les plans. Son apport dans la création du Cirque du Monde est pour le moins éloquent en ce sens. Encore là, il a fait preuve d'initiative et son intégration sociale est difficilement discutable. Avec un réseau important de recruteurs, il n'a pas besoin de découvrir et de « profiter » des talents bruts que l'organisme Cirque du Monde fait surgir des ruelles et des quartiers miséreux de certaines parties du monde.

D'autres révolutions auront lieu, dont celle d'intégrer le cirque aux médias qui accompagnent nos activités quotidiennes. Offrir le cirque à ceux qui n'ont pas les moyens de devenir spectateurs. Aujourd'hui, tous les sports, tous les arts, tous les événements politiques, sociaux, économiques, récréatifs sont visibles et accessibles à la télévision. Pourquoi pas le cirque?

Au bout du compte, le Cirque du Soleil nous laisse croire que le cirque, c'est le spectacle de l'avenir parce qu'il réunit tous les arts. Seul le cirque peut nous faire voir des prouesses humaines, nous faire vibrer par sa théâtralité et nous emporter par sa musique originale tout en nous éblouissant.

Pour son apport au changement de la perception du cirque, pour son apport à l'évolution du cirque dans le monde aujourd'hui, non négligeable, ce cirque québécois aurait mérité beaucoup plus qu'une mention dans la catégorie du nouveau cirque dans le monde dans la plupart des ouvrages consacrés au cirque qu'on retrouve en librairie. Et si le chauvinisme m'étreint, je m'en console en disant que je suis en bonne compagnie. La France, qui parle et écrit notre langue, ne s'est jamais penchée sérieusement sur le cas du Cirque du Soleil. Elle ne l'a pas souvent invité chez elle non plus. Peut-on parler de protectionnisme? de lobbyisme? Ce serait tristement injustifié après les nombreuses médailles remportées par des jeunes artistes québécois au Cirque de demain, présenté chaque année à Paris. Et puis cet hommage rendu à Monte Carlo au cirque québécois?

Et puis, la tradition...

Avec une moyenne d'âge de l'ensemble des employés du Cirque du Soleil ne dépassant pas 32 ans, on ne peut parler d'une entreprise croulant sous le poids de la tradition. Les forces vives de ce cirque poussent chaque jour vers la croissance rapide dans l'un de ses nombreux secteurs.

L'avenir du Cirque du Soleil

Il est difficile de prédire l'avenir du Cirque du Soleil à long terme puisque cette entreprise, maintenant dirigée par un seul homme, vit une période de transition majeure. Bon nombre des artisans des premières heures n'y sont plus. La famille est devenue au fil des ans une PME qui s'est transformée en empire. Peut-on encore parler d'un contenu artistique prédominant? La question s'impose puisque les attentes d'ordre commercial sont accablantes. La marge d'erreur du Cirque rétrécit avec sa croissance et son expansion. Le risque sur le plan artistique est devenu invivable. De là les nombreuses interventions de Guy Laliberté, qui doit ramener constamment le contenu des spectacles à un mode accessible.

Le risque du Cirque du Soleil se situe sur d'autres plans à l'intérieur de nouvelles entreprises comme le cabaret, le multimédia, l'hôtellerie peut-être un jour, ou le cinéma. Comme si le cirque en tant que tel ne représentait plus un défi, ce qui est compréhensible puisque le sommet a déjà été atteint au-delà des espérances.

Des observateurs qui ont déjà participé au développement du Cirque du Soleil m'ont fait part d'une éventualité. Le Cirque pourrait être vendu à des intérêts américains. On argue que le bureau de direction est de moins en moins québécois, que les activités du Cirque sont davantage centralisées en Amérique pour limiter les coûts d'exploitation, qu'on se préoccupe plus que jamais de faire grimper le chiffre d'affaires afin de présenter le bilan le plus alléchant possible dans la perspective de faire monter les enchères.

Rangeons cette possibilité parmi les hypothèses même si elle est logique. Les projets s'éparpillent dans trop de domaines actuellement pour ne pas créer de l'inquiétude. Comme si le Cirque du Soleil cherchait désespérément d'autres avenues, d'autres vitrines.

Je ne voudrais pas qu'on laisse le Cirque du Soleil à d'autres, qui ne le comprendront jamais comme nous l'avons compris. Ce qui sauvera encore demain ce cirque de toutes les embûches, de tous les avatars possibles, c'est encore un jeune homme au crâne rasé. Parce qu'il est délinquant, parce qu'il a tous les vices et surtout celui de réussir.